**Schau lieber Narr mir ins Gesicht,
Erkennst Du dort Dich selber nicht?**

inhalt

Münchhausens Ritt auf der Kanonenkugel, um ins feindliche Lager zu gelangen (Lügengeschichte von R. E. Raspe / G. A. Bürger, 1786, Verfilmung mit Hans Albers, 1943). Eine der vielen literarischen Varianten des hermetisch-mercurialen Prinzips, wie man mit erfundenen Geschichten gut und heiter durchs Leben kommen kann.

inhalt

Liebe Leserinnen und Leser,

es ist kein leichtes Unterfangen, sich mit der Psychologie der Lüge und Wahrheit, der Selbst- und Fremdtäuschungen zu beschäftigen, denn es liegt im Wesen jeder perfekten Täuschung, dass sie nicht als Täuschung erkannt wird und sich mit den trickreichsten Mitteln unserer Beobachtung entzieht.

Auf den ersten Blick scheint es so zu sein – und hier beginnt bereits die große Täuschung! –, dass Täuschung nur ein Randphänomen des menschlichen Seins ist, etwas, was einem nur gelegentlich zustößt und was sich dann, wenn man es bemerkt hat, mehr oder weniger leicht auflösen lässt.

Im Großen und Ganzen nehmen wir an, dass das Bild, das wir von uns selbst und der Welt haben, richtig ist. Wir glauben, dass sich dieses Bild einigermaßen mit der „wirklichen Wirklichkeit" eines Sachverhaltes deckt, dass die Wirklichkeit so ist, wie wir sie erleben und dass andere Menschen eher falsche Auffassungen haben, weshalb es uns auch im Konfliktfall meist scheint, dass die anderen Menschen an Allem schuld sind und dass es vor allem die anderen sind, die sich ändern müssen. Wir haben den Eindruck: „Wenn alle Menschen so wären wie ich, dann wäre die Welt in Ordnung."

Es tut sich aber rasch ein unheimlicher Abgrund auf, wenn man nur ernsthaft der Frage nachgeht, wo uns denn überall Täuschungen begegnen, wo wir uns denn selbst und wo wir andere Menschen täuschen. Wir entdecken dann, dass Täuschung ein universales Phänomen ist: Unser Dasein ist innigst und untrennbar mit Täuschungen ungeahnten Ausmaßes verwoben, und es ist eigentlich verwunderlich, dass uns das so wenig bewusst ist.

Täuschung erscheint bei näherer Betrachtung sogar als eine *conditio sine qua non*, eine notwendige Bedingung menschlicher Existenz und menschlichen Bewusstseins. Dies vor allem deswegen, weil uns die Erkenntnis einer „letzten Wahrheit" oder einer „wirklichen Wirklichkeit" prinzipiell nicht zugänglich ist und wir immer nur auf psychi-sche Bilder und Vorstellungen zurückgreifen können.

Diese Vor-Stellungen sind notwendigerweise auch Ver-Stellungen. Sie stellen sich selektierend, filternd, modifizierend, transformierend, kreierend, konstruierend, systematisierend, vereinfachend und in tausend Formen sich wandelnd zwischen uns und das, was außen und innen »wirklich« ist, was wir aber als solches nicht erkennen können.

> *Es ist meine bilderreiche Seele, die der Welt Farbe und Ton verleiht, und was jene allerrealste, rationale Sicherheit, die Erfahrung anbelangt, so ist auch ihre einfachste Form noch ein über alle Maßen kompliziertes Gebäude seelischer Bilder: So gibt es gewissermaßen nichts von unmittelbarer Erfahrung als nur gerade das Seelische selbst. Alles ist durch dasselbe vermittelt, übersetzt, filtriert, allegorisiert, verzerrt, ja sogar verfälscht. Wir sind dermaßen in eine Wolke wechselnder und unendlich vielfach schillernder Bilder eingehüllt, daß man mit einem bekannten großen Zweifler ausrufen möchte: „Nichts ist ganz wahr – und auch das ist nicht ganz wahr."*
>
> Jung, GW 8, § 623

Die indische Vedanta-Philosophie hat vermutlich etwas Ähnliches schon früh geahnt und dafür den komplexen Begriff der *Maya* geprägt. Maya, gebildet aus der Wurzel ma – messen, formen, gestalten –, bezeichnet die umfassende Daseins-Illusion als Folge der Unwissenheit und Verblendung, durch die unsere trügerischen Sinne uns das „wahre Sein" verdecken.

Auch schon andere frühere und spätere Philosophen haben geahnt, dass es mit dem, was wir Wirklichkeit und Wahrheit nennen, nicht so ganz einfach ist. Denken wir beispielsweise an Platos *Höhlengleichnis*, das *Nichtwissen* des Sokrates oder an Schopenhauers *Die Welt als Wille und Vorstellung*. Vor bereits 147 Jahren schrieb Friedrich Nietzsche in *Über Wahrheit und Lüge im außermoralischen Sinn* auf seine typisch provokante und zugleich psychologisch tiefsichtige Art:

Was wißt Ihr davon..., wieviel List der Selbsterhaltung, wieviel Vernunft und höhere Obhut in solchem Selbstbetrug enthalten ist – und wieviel Falschheit mir noch nottut, damit ich mir immer wieder den Luxus meiner „Wahrhaftigkeit" gestatten darf? Das Leben will Täuschung, es lebt von der Täuschung.

Wenn uns das bewusst wird, können wir auch besser verstehen, wieso menschliche Kommunikation so kompliziert und missverständlich ist. Wir können nie wirklich wissen, in was für einer psychischen Welt sich unsere Kommunikationspartner gerade befinden und auch unsere eigenen „wirklichen" Vorgänge, die in uns gerade stattfinden, sind uns nur zum kleinsten Teil bewusst. Die unbewussten Abwehr- und Organisationsmechanismen der Psyche arbeiten so rasch und perfekt, dass wir nicht merken, wie schnell wir uns selbst „hinters Licht" geführt haben.

Vor dem Hintergrund dieser Einsichten wird es verständlich, warum es bisher so schwer war, in Religion, Philosophie und Psychologie zu einer gemeinsamen und eindeutige Definition von Wahrheit zu kommen.

Aber »Was ist Wahrheit«? Ich würde für unseren psychologischen Gebrauch zunächst ganz auf den Gedanken verzichten, daß wir heutigen Menschen überhaupt imstande seien, etwas „Wahres" oder „Richtiges" über das Wesen der Seele auszumachen. Das Beste, was wir hervorbringen können, ist wahrer Ausdruck. ›Wahrer Ausdruck‹ ist ein Bekenntnis und eine ausführliche Darstellung des subjektiv Vorgefundenen.

Jung, GW 4, § 771

Auch der Pionier des Konstruktivismus, Heinz von Foerster, will in einem Interview mit der Überschrift *Wahrheit ist die Erfindung eines Lügners* von dem Begriff der Wahrheit ganz wegkommen:

Wenn der Begriff der Wahrheit überhaupt nicht mehr vorkäme, könnten wir vermutlich alle friedlich miteinander leben. [...]

Ich will noch einmal betonen, dass ich im Grunde genommen aus der gesamten Diskussion über Wahrheit und Lüge, Subjektivität und Objektivität aussteigen will. Diese Kategorien stören die Beziehungen von Mensch zu Mensch, sie erzeugen ein Klima, in dem andere überredet, bekehrt und gezwungen werden. Es entsteht Feindschaft. Man sollte diese Begriffe einfach nicht mehr verwenden, da sie, so behaupte ich, durch die bloße Erwähnung und auch durch die Verneinung oder Ablehnung am Leben erhalten werden.

Foerster, Die Zeit, 4/1998

Wenn wir auch vor diesen erkenntnistheoretischen Hintergründen mit dem Begriff der Wahrheit sehr vorsichtig umgehen müssen, sind wir gleichzeitig im sozialen Miteinander auf ein gutes Maß von Vertrauen, Zuverlässigkeit und Aufrichtigkeit angewiesen. Dies gelingt uns aber nur in einem gewissen mittleren Grade, weil soziale Anpassungs-Notwendigkeiten und Eigeninteressen oft in einem konflikthaften Widerspruch zueinander stehen.

Auch in der praktischen Psychotherapie scheint es von daher nicht um absolute Wahrheiten und endgültige Einsichten zu gehen, sondern man bewegt sich oft eher im Grau- und Übergangsbereich zwischen sogenannten „harten Fakten" einerseits und Konstruktionen, Fantasien, Märchen, Mythen und Symbolen andererseits. Letztere sind ja nicht „wirklich" „wahr", sondern es sind psychische Realitäten, die gerade deshalb hilfreich sind, weil sie nicht ganz wahr sind und Spielraum für Fantasie und hermeneutische Interpretationen lassen.

So wünschen wir uns und Ihnen, dass es uns gelingen möge, mit Lüge und Wahrheit jeweils so gut umzugehen, dass wir anderen Menschen wie auch uns selbst nicht schaden.

Ihre Anette und Lutz Müller

Die Psychologie der Täuschung (1)

Sinne und Gehirn als Täuschungswerkzeuge

Die Schwierigkeiten mit der Wahrheits- und Wirklichkeitserkenntnis beginnen schon bei den Selbsttäuschungen, die durch das *BIOS* (Basic-Input/Output-System, Begriff aus der Computertechnik) unseres Organismus gegeben sind, also durch die Art und Weise, wie unser Organismus, unser Nervensystem, unsere Sinne und unsere Reizverarbeitung funktionieren.

Aus der immensen Anzahl innerer und äußerer Reize, die in jedem Augenblick auf uns einwirken, werden laufend jene Reize herausgefiltert und in Wahrnehmungsgestalten transformiert, die eine Bedeutung für den evolutionären Prozess, unser Überleben und die Befriedigung unserer Grundbedürfnisse haben. Farben, Töne, Gerüche usw. gibt es in der Form, wie wir sie erleben, draußen nicht.

Die psychologische Interpretation der Informationen, ihre Bedeutung und ihr Stellenwert für uns wird beeinflusst durch angeborene und gelernte Organisationsprozesse – wie sie z. B. von der Gestaltpsychologie in einer Reihe von Gestaltgesetzen formuliert wurden; etwa im Gesetz der **guten Gestalt**, der **Prägnanztendenz**, nach der die Reizsituation von der Wahrnehmung so strukturiert wird, dass prägnante oder gute Gestalten entstehen –, weiter von Lernprozessen, Komplexen, Einstellungen, Gefühlen, Ängsten und Hoffnungen, Erwartungen, Persönlichkeitsmerkmalen, Wünschen und Bedürfnissen. Unsere Sinnesorgane bilden somit keine objektive Wirklichkeit ab, sondern erzeugen mit Hilfe des Gehirns ein zweckmäßiges Weltbild, wie der Organismus es braucht, um sich bestmöglich orientieren und überleben zu können. Von daher sind unsere Sinnessysteme und unser Gehirn an sich schon Täuschungswerkzeuge. Sie erwecken in uns den kaum zu durchschauenden Eindruck, die Welt und wir selbst seien wirklich so, wie sie uns erscheinen.

Zu den ganz basalen Täuschungen gehören: Sinnestäuschungen (z.B. geometrisch-optische Täuschungen, akustische und taktile Täuschungen usw.), Bewegungstäuschungen, Wahrnehmungstäuschungen, Erinnerungstäuschungen, Denktäuschungen usw.

Die beiden bekannten Vexierbilder zeigen uns eindrücklich: Es kommt immer auf den Blickwinkel, die Perspektive, an, die wir einnehmen.

Das Vergnügen beim Betrügen

Vom Fälschen in den Hallen der Wissenschaft

Ernst Peter Fischer

Foto: pixs4u (www.stock.adobe.com)

Zu den weitverbreiteten Irrtümern über die Wissenschaft gehört die Überzeugung, dass es in der Forschung allein um die Erkenntnis von Wahrheit geht. Doch zu diesem Zweck haben die Menschen vor vierhundert Jahren das Abenteuer, das wir Wissenschaft nennen, nicht erfunden. Ihre Absicht lag darin, etwas Nützliches zustande zu bringen. *Ich halte dafür*, so lässt sich Galileo Galilei in dem Theaterstück von Bertold Brecht vernehmen, in dem es um das Leben des Galilei geht, *dass das einzige Ziel der Wissenschaft darin besteht, die Lebensbedingungen der menschlichen Existenz zu verbessern.*

Wohlgemerkt – es ist das einzige Ziel, und von Wahrheit ist bei diesem Bekenntnis weit und breit nichts zu vernehmen. Wissenschaft muss konkret etwas ergeben – für die Menschen im Allgemeinen oder für die Forscher im Besonderen, und bei dieser Vorgabe kann es durchaus passieren, dass die Wahrheit auf der Strecke bleibt, wobei natürlich im Hintergrund von allem Tun und Tricksen die unausweichliche Warnung steht, dass man zwar die Menschen, nicht aber die Natur betrügen kann. Mit anderen Worten, wenn ein Ergebnis wissenschaftlichen Forschens wirklich unsinnig und falsch – also naturwidrig – ist, wird es eines

Tages auffallen, weil man damit nichts anfangen kann. Aber wie viele richtige Resultate gibt es, mit denen man – wenn auch aus anderen Gründen – auch nichts anfangen kann?

Die skizzierte historische Quelle der Wissenschaft bringt die Forscher in ein Dilemma, das von der Öffentlichkeit nicht ohne Weiteres bemerkt wird. Zwar erwartet man heute von den Professoren und ihren Assistenten, dass sie die Wahrheit über die Natur erkunden, aber diese Suche kostet bekanntlich sehr viel Geld, und so müssen selbst die Wissenschaftler, die sich mit einem anwendungsfernen Grundlagenthema befassen, der sie fördernden Institution gegenüber irgendeinen Nutzen angeben, den ihre Arbeit hat.

Wer zum Beispiel nur schreibt, ihn interessiert, wie sich Zellen teilen, wird weniger Finanzmittel bekommen als derjenige, der verkündet, er wolle das Krebsproblem lösen, weshalb er erforschen wolle, wie sich Zellen teilen. Das Forschungsvorhaben fängt also schon mit einer kleinen Lüge an, denn der Antragsteller weiß sicher, dass es das Krebsproblem am Ende seiner Tätigkeit genauso gibt wie am Anfang. Dieser ersten Lüge könnte man zwar unter dem Aspekt der Werbetrommel viel Verständnis entgegenbringen – wobei bei dieser Gelegenheit an die Tatsache erinnert werden darf, dass wir von schwindelnden Werbeversprechen umgeben sind und die Forscher damit nur in ihrem Bereich tun, was die Gesellschaft den ganzen Tag über duldet -, doch gerät man mit dem abgegebenen Versprechen in Zugzwang.

Und nun passiert Folgendes: Irgendwo in der wissenschaftlichen Literatur hat jemand eine Vorstellung (vornehmer: eine Theorie) dazu vorgelegt, wie Krebs entsteht, und es käme nun darauf an, zu zeigen, dass dieses Konzept tatsächlich etwas über den Ursprung der schrecklichen Entartung von Zellen mit ihren fürchterlichen Folgen für das Leben aussagt. Um dieses Forschungsziel zu erreichen, müsste zwar ein höchst kompliziertes Experiment mit neuartiger Technik durchgeführt werden, aber einige Wissenschaftler lassen sich von diesen Hindernissen nicht abschrecken,

und sie machen sich an die Arbeit. Irgendwann gelingt es einem von ihnen, mit Ergebnissen aufzuwarten, die der Theorie – und damit der Erwartung der Kollegen – entsprechen.

Zwar hat das Experiment erst einmal geklappt, während es verschiedene Male daneben gegangen ist, aber auf dieses eine gute Ergebnis setzt man nun alle seine Hoffnungen, ohne zu merken, dass man sich selbst betrügt. Man weiß ja gar nicht, was es wirklich mit dem Krebs auf sich hat. Man weiß nur, dass es eine neue Theorie gibt, die viel diskutiert wird, und dass man einmal einen Versuch gemacht hat, in dem die Natur so geantwortet hat, wie man es erhofft hat. Man setzt nun alles daran, dieses Ergebnis zu wiederholen, auch um den Preis, etwas an den Daten zu manipulieren und somit zu beschönigen.

Die Tatsache, dass die Ergebnisse nicht genau mit den Vorhersagen der Theorie übereinstimmen, schiebt man auf die technischen Schwierigkeiten, die sicher in Zukunft überwunden werden können. Aller Anfang ist eben schwer, und da macht man es sich gerne ein wenig leichter. Die Kollegen werden staunen, wie gut man die Theorie bestätigt, von der alle überzeugt sind, man kann alle Ergebnisse publizieren und wird rasch Karriere machen. Und vielleicht hat man sogar Glück, und die mangelhaften Ergebnisse lagen tatsächlich an technischen Schwierigkeiten bei der Durchführung der Versuche, über die man sich und die anderen einfach hinweggeschwindelt hat.

Man kann natürlich auch Pech haben und bei dem selektiven Umgang mit den eigenen Daten auf das falsche Pferd – auf die falsche Theorie – setzen. Dann wird dasselbe Treiben nicht zur Ehre gereichen, sondern zur Schande führen, und in den Zeitungen wird von Betrug in der Wissenschaft die Rede sein, wobei die Öffentlichkeit dann meint, das sei ein Zeichen für die verwilderten Sitten der modernen Zeit und die ethisch bedenkenlos vorgehende Forschung.

Doch so einfach liegen die Dinge nicht und so bitter es vielleicht klingen mag: Betrogen worden ist in der Wissenschaft spätestens seit dem 19. und im frühen 20. Jahrhundert, und es waren sogar einige ihrer größten Vertreter, denen man einen allzu lockeren Umgang mit den Daten vorwerfen kann.

Berühmt sind die Fälle des französischen Biochemikers Louis Pasteur, der dem Publikum etwas von immunbiologischen Kenntnissen vorschwindelte, um so eine Injektion bei einem Jungen zu rechtfertigen, der an Tollwut litt. Dass der Knabe Pasteurs Eingriff und die Krankheit überlebte, gehört zu den Glücksfällen der Wissenschaftsgeschichte, bei denen man sich gar nicht ausmalen möchte, was hätte passieren können, wenn die Würfel des Schicksals anders gefallen wären. Und im frühen 20. Jahrhundert hat der amerikanische Physiker Robert Millikan über seine Messungen berichtet, in denen er die Ladung des Elektrons – die sogenannte Elementarladung der Materie – bestimmen konnte.

Wie der heute mögliche Blick in seine Laborbücher zeigt, hat Millikan dabei nicht getan, was zur elementaren Praxis der Forschung gehören sollte, nämlich über sämtliche Messungen zu berichten, die er gemacht hat. Millikan hat nur publiziert, was ihm gepasst und gefal-

Zeitgenössische Darstellung der Impfung von Joseph Meister gegen Tollwut. Da Pasteur kein Arzt war, schaut er aus dem Hintergrund zu. (www.wikipedia.org)

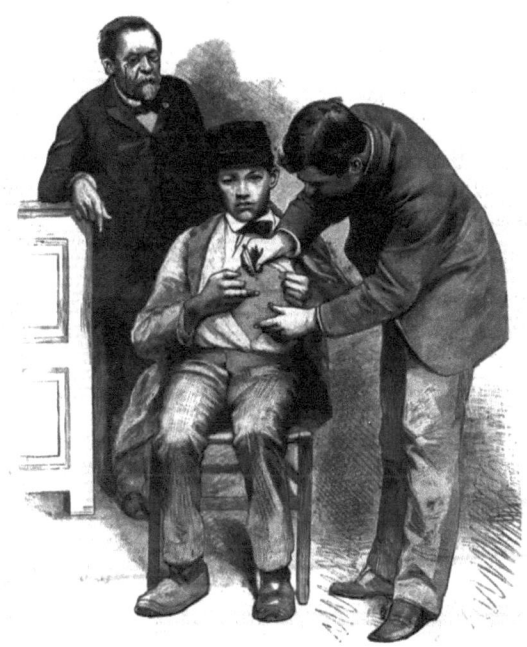

len hat, und es entbehrt nicht der Ironie, dass er für diese Messungen mit dem Nobelpreis für Physik ausgezeichnet worden ist. Hätte Millikan tatsächlich alle seine Daten präsentiert, hätten wir nicht so schnell gewusst, dass es eine Elementarladung gibt, und dieser Gedanke war wichtig für die sich damals entwickelnde Theorie der Materie und ihrer Atome.

Die Frage, ob Millikan ein Betrüger war, kann man trotz der offenkundigen Sachlage verneinen, denn Millikan hatte es nicht mit einem einfachen Experiment zu tun – die Wissenschaft kennt ihn als Öltröpfchenversuch –, und jeder, der komplizierte Apparaturen bedienen muss, weiß, dass sie nicht immer gleich gut funktionieren (ohne dass man wüsste, woran das liegt). Wenn man Millikan einen Vorwurf machen muss, dann den, dass er seine Leser falsch darüber informiert hat, wie er vorgegangen ist. Doch trifft dies nicht allgemein zu? Teilt uns ein Wissenschaftler in seiner Arbeit jemals mit, wie er wirklich vorgegangen ist, wie er wirklich zu seinen Ergebnissen gekommen ist, warum er wirklich dieses Thema gewählt hat? Meiner Ansicht nach steckt hier das eigentliche Problem, wenn vom Betrügen und Belügen in der Wissenschaft die Rede ist. Jede Publikation ist verlogen, selbst wenn sie kein einziges manipuliertes Datum enthält und auch alle abweichenden Messergebnisse mit angibt (was niemand tun wird, da ihm dann die Geldmittel gekürzt werden). Die Gründe, warum jede Publikation verlogen ist, liegen zum einen darin, dass kein Forscher uns über seine eigentlichen Motive informiert, und sie finden sich zum zweiten darin, dass kein Wissenschaftler sagt, woher er tatsächlich seine Ideen bekommen hat – wer wird schon zugeben, etwas geträumt zu haben? –, und sie kommen drittens dadurch zustande, dass sich längst eine Sprechweise etabliert hat, die mehr verbirgt, was man sagen will, als sie offenlegt.

In wissenschaftlichen Laboratorien zirkulieren inzwischen Zettel, auf denen steht, was ein Autor tatsächlich meint, wenn er bestimmte Formulierungen benutzt. Wenn es zum Beispiel in einer Publikation heißt, *es ist allgemein bekannt*, meint der Verfasser, dass er sich

Fake News, Coloures-Pic, Adobe Stock 138311041

nicht die Zeit genommen hat – also zu faul war –, eine Quelle für den bezeichneten Sachverhalt zu suchen. Oder wenn jemand schreibt, *in einer typischen Messreihe*, dann meint er eigentlich, dass der Versuch einmal so gelungen ist, dass man wagen kann, die Daten zu publizieren.

Es ist in der Wissenschaft wie im täglichen Leben. Wir verbergen gerne hinter hübschen Floskeln, was wir wirklich meinen – wir beschimpfen niemanden gleich als Dummkopf, wenn er etwas nicht weiß, sondern erlauben ihm statt dessen den Hinweis, noch keine Gelegenheit gehabt zu haben, sich danach zu erkundigen –, und wir lassen möglichst unsere Motive im Dunkeln – wobei jeder Leser seine eigenen Beispiele kennen wird. Wissenschaft wird eben nicht von Maschinen, sondern von Menschen gemacht, und die haben ihre Wünsche, Ziele und viele Hoffnungen, zu denen vor allem die nach Anerkennung gehören.

Nun gibt es ein leichtes Verfahren, sich in der Wissenschaft Anerkennung zu verschaffen, und das steckt in der Anzahl der Publikationen, die jemand vorzuweisen hat. Sie kann man leicht erhöhen, seit es die Computer mit den Schreibprogrammen gibt, mit denen sich Textbausteine verschieben lassen. Was man

früher in einer Arbeit als Tabelle veröffentlicht hätte, kann man nun ohne weiteren Schreibaufwand – das macht der PC – auf viele Texte verteilen, um so die lange Liste der Publikationen zu erhalten, die nötig ist, um die akademische Karriereleiter weiter emporklettern zu können.

Es sollte an dieser Stelle darauf hingewiesen werden, dass nicht nur Naturwissenschaftler das Hantieren mit Textbausteinen beherrschen. Wer sich die Mühe gibt, philosophische Essays zu lesen, wird leicht feststellen, dass auch hier viele Passagen mehrfach verwendet werden, was man ärgerlich finden oder hinnehmen kann, weil man manche Wahrheiten bekanntlich nicht oft genug sagen kann.

Nun ist es zwar schön, dass es eine Software gibt, die der Mehrfachverwertung von Textbausteinen auf die Spur kommen will, aber das Betrugspotenzial der Wissenschaft ist an einer anderen Stelle deutlich größer. Schließlich hat sich die Tendenz zur Vielpubliziererei längst herumgesprochen, und inzwischen kommt es weniger auf die Quantität der Arbeiten und mehr auf die Qualität der Zeitung an, in der ein Forscher seine Ergebnisse präsentieren darf. Was in der FAZ steht, wird ja auch ernster genommen als das, was im BILD zu lesen ist. Damit stellt sich die Frage, wie man in die Prestigejournale hineinkommt, und der Schlüssel dazu heißt unter Fachleuten *peer review*. Gemeint ist damit, dass man seinen Text einem Kollegen – seinem Peer – vorlegen muss, der ihn bewertet und zur Publikation vorschlägt oder ablehnt.

An dieser Stelle taucht nun ein Problem auf, dass die Öffentlichkeit kaum bemerkt. Denn der Kollege, der den Text prüfen soll, ist ein Konkurrent. Und angenommen, er findet in dem zur Publikation eingereichten Manuskript eine Idee, die seinen eigenen Arbeiten weiterhilft – kann er dann wirklich der Versuchung widerstehen, diese Idee auszunutzen?

Wenn er darüber hinaus die Veröffentlichung der ihm vorgelegten Arbeit durch irgendwelche Einwände verzögert, kann er sogar noch früher auf den Markt kommen und alle Früchte des Erfolgs ernten. Er kann dies deshalb tun, weil seine Gutachtertätigkeit anonym bleibt, und allen Kritiken an diesem Tatbestand zum Trotz scheint die Gemeinde der Wissenschaftler an diesem Verfahren festhalten zu wollen. Sie hat also die Betrugsmöglichkeit in ihre eigenen Verfahren eingebaut, und so gesehen wirkt es eher wie ein Wunder, dass die meisten Wissenschaftler anständig bleiben, wie abschließend festgestellt und zu ihrem Ruhm und Lob betont werden soll.

Wissenschaftler sind auch da nicht anders als die meisten Menschen. Wir lesen zwar viel vom Betrügen in den Zeitungen, doch die meisten von uns entfalten an dieser Stelle wenig Energie. *Ehrlich währt am längsten* wie das Sprichwort sagt, das böswillige Kommentatoren so deuten, dass am längsten braucht, wer seine Karriere ohne Tricks betreibt. Wer nach diesem Prinzip forscht, hat nach wie vor die beste Chance, sowohl den Menschen zu nützen als auch einen Zipfel der Wahrheit in die Hand zu bekommen. Das bleibt dem Betrüger versagt. Er wird die Wahrheit nicht erkennen, auch wenn sie ihm ins Gesicht starrt, und damit schadet er auf jeden Fall einem Menschen – sich selbst.

Ernst Peter Fischer
Website: http://www.epfischer.com

Professor (apl.) für Wissenschaftsgeschichte an der Universität in Heidelberg; freie Tätigkeiten als Wissenschaftsvermittler und Berater, unter anderem für die Stiftung Forum für Verantwortung; Autor zahlreicher Bücher – zuletzt: Wie der Mensch seine Welt neu erschaffen hat (2013), Gott und die anderen Großen (2013), Unzerstörbar – Die Geschichte der Energie (2014), Die Verzauberung der Welt (2015), Durch die Nacht (2015).

So ist das menschliche Leben nichts als eine beständige Täuschung. Man tut nichts als sich gegenseitig betrügen und sich gegenseitig schmeicheln. Niemand spricht von uns in unsrer Gegenwart, wie er in unsrer Abwesenheit von uns spricht. Die Einigkeit, die unter den Menschen besteht, ist nur auf diesen gegenseitigen Betrug gegründet und wenige Freundschaften würden Bestand halten, wenn jeder wüßte, was sein Freund von ihm sagt, wenn er nicht da ist, obgleich er doch dann aufrichtig und ohne Leidenschaft von ihm spricht.
Pascal, Gedanken, 1840

Die Psychologie der Täuschung (2)

Selbsttäuschungen: Warum wir uns selbst hinters Licht führen

Zu den elementaren Täuschungen müssen wir nicht nur unsere Welt-Vorstellungen rechnen, sondern auch unsere Selbst-Vorstellungen (Objekt- und Subjekt-Repräsentanzen). Die Art und Weise, wie wir uns selbst erleben, ist ebenfalls eine psychische Konstruktion, eine Vorstellung, und wenn man so will: eine Täuschung.

Die **Psychoanalyse** beschreibt weitgehend unbewusst wirkende **Abwehrmechanismen**, wie z. B. **Verdrängung, Rationalisierung, Verleugnung, Verkehrung ins Gegenteil, Projektion** usw. Die Abwehrmechanismen haben sehr notwendige Schutz-, Sicherheits- und Orientierungsfunktionen für unsere Psyche. Sie werden daher besser als Strukturierungs-, Organisations- und Bewältigungsfunktionen bezeichnet. Sie helfen uns, die Welt und unsere Erfahrungen so zu ordnen, dass wir einigermaßen gut überleben und unsere Selbstachtung bewahren können.

In zahlreichen Experimenten hat die **Sozialpsychologie** gezeigt, wie wir unter dem Einfluss und Druck sozialer Beziehungen („**social perception**") unsere Wahrnehmungen und Einstellungen laufend anpassen und verändern.

Es gibt auch **positive Selbsttäuschungen**, wie z. B. Verliebtheit, Optimismus, Hoffnungen, religiöse Glaubensüberzeugungen und Placebowirkungen, die „objektiv" betrachtet unrealistisch sind, aber doch eine motivierende, sinnstiftende und heilsame Wirkung für uns haben können.

Auch ganz **pathogen erscheinende Täuschungen**, wie psychotische Halluzinationen und Wahnvorstellungen (Beziehungswahn, Liebeswahn, Größenwahn, Verfolgungswahn) oder die Pseudologie (pathologisches Lügen) lassen sich als Schutzfunktionen ansehen, mit denen sonst schwer aushaltbare psychische Inhalte abgespalten und nach Außen projiziert werden.

Erklärbar werden alle diese Prozesse durch die Notwendigkeit unseres Organismus, **Konflikte und Dissonanzen zu reduzieren** und unser psychosomatisches Gesamtsystem in einem **energiesparenden, konfliktfreien, in sich stimmigen, ausbalancierten und konsistenten Zustand** zu halten. Wenn der konflikthafte Stress zu groß wird, erschöpfen wir uns, dann bricht das psychosomatische System zusammen („Nervenzusammenbruch"), dann „brennen wir aus" oder entwickeln (selbst-)destruktive Symptome und Verhaltensweisen.

Was wir wahrnehmen ist das, was unsere Abwehr- und Schutzmechanismen uns nahelegen oder erlauben, wahrzunehmen.

„Das war ich nicht!" –

Wahrheit und Lüge in der kindlichen Entwicklung

Maretta Steigenberger

Ich beginne mit einer spontanen Äußerung eines sechsjährigen Mädchens zu Pippi Langstrumpf: „Die Pippi war nicht in geordneten Verhältnissen, weil sie auf dem Schiff und ohne Mama war. Auf dem Schiff, da gibt es keine geordneten Verhältnisse. Die Pippi weiß nicht und keiner hat ihr gesagt, wie sie sich verhalten soll".

Hier sind die zwei Ebenen, in denen Wahrheit und Lüge wurzeln, unbewusst und anschaulich benannt: Das – schöpferische – Chaos, das Meer der Fantasie, in der alles möglich ist, und die kollektiven Normen und Regeln, die zwischen richtig und falsch unterscheiden.

Pippi Langstrumpf, Graffiti an der Astrid Lindgren Schule in Hilden (www.wikimedia.org)

Zu Anfang des Lebens gibt es noch keinen Gegensatz, keine Unterscheidung zwischen Subjekt und Objekt, kein Richtig und Falsch. Es ist, wie es ist, einfach Da-Sein. Nach E. Neumann entfalten sich in der magisch-phallischen Ich-Stufe, ab ca. zwei Jahren, Fantasie und Spiel. Die Kinder können alles sein und wechseln fortlaufend die Gestalt, Blume, Tier, Auto, König, Baby, Mama, Papa ... „Ich kann alles sein, was ich mir vorstellen kann", dies und das, alles ist im Fluss dieses Fantasie-Spiel-Raums, alles ist möglich. Geburt, Tod, Auferstehung, Schöpfung, Zerstörung, Glück, Unglück, Liebe, Hass, es ist ein Sichmischen und Wechseln ohne Logik und Kausalität in schneller Folge - ein magisches Erleben. Das Leben in seiner ganzen Fülle schillert in al-

len Farben und Facetten wie ein Kaleidoskop. Die Kinder spinnen ihre Geschichten, in denen Fantasie und Wirklichkeit verschwimmen und die Grenzen noch nicht klar sind.

Welchen Unterhaltungswert, wie viel Kreativität und Offenheit dies hat, erleben wir, wenn wir dem kindlichen Spiel zusehen, mitspielen, oder eben auch in Geschichten und Gestalten wie *Pippi Langstrumpf*: Die Pippi, die macht, was ihr gefällt, und sagt über sich:

[…] wenn man selbst ein ganzes Leben lang auf dem Meer gesegelt ist, weiß man nicht, wie man sich in der Schule zwischen all den Äpfeln und Igeln bewegen soll.

Auf dem Schiff bewegt sich die Fantasie wie die Wellen, alles ist ständig in Verände-

Foto: LuckyImages (www.stock.adobe.com)

rung. Pippi schämt sich nicht, sie ist, wie sie ist, bunt, fantasievoll, schillernd. In ihren Geschichten fasziniert sie seit vielen Jahrzehnten Kinder und Erwachsene. Für das Kind dieser Phase sind seine Fantasien noch nicht klar getrennt von der äußeren Wirklichkeit. Sie sind bedeutsam wie die äußere Realität. Kinder brauchen dieses Spiel mit allen Möglichkeiten zur Entwicklung und Erfahrung des eigenen inneren Raumes und der eigenen Bedeutung im Sinne eines positiven narzisstischen Selbsterlebens, wie es der Säuglingsforscher D. Stern mit den Begriffen subjektives Selbst als Voraussetzung für Abgrenzung und Teilen von Erleben beschreibt.

Wenn nun Eltern und Erwachsene diese Fantasien beschneiden und vernichten im Sinne von „Das ist doch Unsinn. Das gibt es doch nicht. Mach was Vernünftiges" nehmen sie dem Kind die eigene innere Wahrheit im Sinne von Selbsterleben - sich selber erleben - weg und besetzen seinen inneren Raum mit ihrer „Wahrheit". Das Kind wird quasi der Un-

wahrheit, der Lüge bezichtigt, obwohl es von der Ich-Entwicklung her noch gar nicht in der Lage ist zu bewusstem Lügen. Ein negatives narzisstisches Engramm im Sinne von Scham wird gesetzt.

Hier hat der Schamkomplex seinen Ursprung. Das kann dazu führen, dass ein Mensch, der auf diese Weise schon früh beschämt wurde, Hemmungen hat, sich mit seinen Einfällen, seinem Sein und seiner Kreativität zu zeigen. Oder er muss umgekehrt ganz besonders Größenfantasien äußern. Er muss lügen im Sinne von Aufschneiden und sich größer machen, immer mit der Angst, erwischt und beschämt zu werden - der Narzisst und Hochstapler.

Diese kindliche Entwicklungsphase ist aber nur ein Durchgang. Denn Unterscheidung von Wahrheit und Lüge in engerem Sinn, in bewusster und gezielter Weise zu lügen, braucht Polarität, Unterscheidung und Erkenntnis. Ohne Wahrheit gibt es keine Lüge, ohne Lüge keine Wahrheit. Mythologisch ist dies die Vertreibung aus dem Paradies der Unschuld, der Sündenfall und Ur-Schuld-Komplex. Erst allmählich beginnen Kinder, sich in diese Polarität hineinzuleben. Bewusstes Lügen setzt eine bestimmte Stufe der Ich-Entwicklung voraus: Ich-Fähigkeiten, wie Unterscheidungsfähigkeit, planerisches, gezieltes Denken, Gedächtnis, Einbeziehung von Vergangenheit und Zukunft, Empathie, Einschätzung der Realität, der Handlungen der anderen, deren Macht, Einschätzung von Konsequenzen etc. sind vonnöten.

Ab dem ca. vierten Lebensjahr beginnen Kinder mit dem eigentlichen Lügen zu experimentieren. Es ist dann mit Absicht und Ziel verbunden. Sie mopsen zum Beispiel heimlich Süßigkeiten und leugnen es. Sie machen dabei die Erfahrung der eigenen Wirkmächtigkeit in der Verfolgung und Erreichung eines Wunsches und der möglichst raffinierten Vertuschung gegenüber den nicht mehr als allmächtig erfahrenen und alles durchschauenden Eltern. Dies weist auf den Beginn einer zunehmenden bewussten Unterscheidungsfähigkeit, Eigenständigkeit, Abgrenzung und Autonomie hin: *Wer lügt, hat immerhin vorher die Wahrheit gedacht* (Montaigne) - dieser positive Aspekt wird oft nicht wahrgenommen.

Es hat nun eine andere Qualität als das spielerische Flunkern und Geschichten erfinden von früher. Lügen gibt Macht, trennt, macht einsam und ist mit Angst und Schuld verbunden. Regeln und Normen werden übertreten. Es wird gelogen, um etwas zu erreichen, den unangenehmen Forderungen der Realität oder Strafe zu entgehen, etc. Lügen richtet sich nicht gegen die Wahrheit (was ist Wahrheit?). Es richtet sich gegen die Forderungen und Gesetze der Realität, die von den Eltern und den Autoritätspersonen vertreten werden. Es ist ein Mittel, die Realität und das eigene Handeln „zu verschleiern und zu verbessern, um der eigenen Lust, den eigenen Wünschen und Zielen, der eigenen inneren „Wahrheit" folgen zu können – möglichst ohne Konflikte und Konsequenzen.

Schon die häufige Verwendung des Wortes „eigenen" spiegelt die Bedeutung von Abgrenzung und Autonomie. Aber anders als in der vorhergehenden Stufe, in der das Kind die Spiegelung und Bewunderung der Erwachsenen für seine Fantasiegeschichten sucht, wird nun verborgen und verheimlicht, im Wissen um Richtig und Falsch und Verbotenes. Die Kinder leisten auf der tricksterhaften Stufe Widerstand gegen die Anforderungen der Realität und der Erwachsenen.

Je strenger und härter von diesen die Wahrheit vertreten wird, umso mehr wird entweder der Gegenpol – Lügen als möglicher Weg aus der Enge – provoziert oder der Weg der Unterwerfung gegangen; der „Untertan" als Ausdruck eines strengen Über-Ich entsteht. Gleichzeitig zeigt sich im Lügen eine Identifikation mit den Eltern und Entwicklung von sozialer Kompetenz, denn Kinder dieses Alters nehmen wahr, dass auch die Eltern lügen und nicht immer die Wahrheit sagen, auch Ausreden erfinden. Sie merken, dass gesellschaftliches Leben und soziales Miteinander nur auf der Basis von unverbrüchlicher Wahrheit nicht funktioniert. Anspruch auf Wahrheit ist gnadenlos, ohne Schonung und Einfühlung – F. Bacon vergleicht sie mit dem *kalten Tageslicht*. Ganz kleine Kinder und autistische Kinder können nicht lügen. Nicht mehr Pippi Langstrumpf, sondern *Pinocchio*, dem bei jeder Lüge die Nase ein Stück wächst, ist eine Leitfigur dieser Dynamik. Es drohen Schuld und Strafe bei Nichteinhalten von Regeln und Normen, die familiär und gesellschaftlich verankert und gültig sind. Der patriarchale kollektive Wertkanon ist gesetzt und gilt, anders als im mütterlichen Raum, in dem dies noch nicht erwartet wird.

Festigkeit und Strenge dieses Wertkanons sind immer persönlich und familiär gefärbt. In der einen Familie ist mütterliches Verstehen viel ausgeprägter, in der anderen gilt eher unerbittliche Strenge. Es braucht beides, den mütterlichen Pol, in dem alles, wie in der Natur, sein und wachsen darf, *das Licht des Mondes* – und den väterlichen Pol der Unterscheidung, Grenzen und Regeln, *das Licht der Sonne*.

Ich möchte an dieser Stelle zwei Beispiele aus der Therapie vorstellen, in der sich beide

wahrheit und lüge

Ebenen wiederfinden: Ein sechsjähriger Junge erzählt von einer Geisterwelt: „Die ist aber wirklich, keine Fantasie. Ich bin da schon reingegangen, nachts, mit einer Laserpistole (Abb. 1). Ich sag Dir aber nicht, wo diese Welt ist und wie man reinkommt. Sonst gehst Du noch hin und für ältere Damen wie Dich ist das zu gefährlich. Du kannst Dich nicht so gut wehren wie ich und nicht mehr so schnell rennen. Du darfst aber meinen Eltern nichts davon erzählen. Sonst nehmen sie mir noch die Laserpistole weg."

Abb. 1. Aus dem Archiv von Maretta Steigenberger.

Ein sechsjähriges Mädchen erzählt in einer Phase der Therapie immer wieder viele Fantasiegeschichten, z. B. von Feen, die sie detailliert beschreibt, die ihr Feenstaub geschenkt hätten (Abb. 2). „Den habe sie daheim."

Mir wird beim Zuhören fast schwindelig von den vielen Geschichten, die Fantasie und Alltag mixen. Wenn ich sage, dass im Fantasieland alles möglich sei, was man sich wünsche: „Nein, das ist kein Fantasieland. Ich

weiß, wenn was im Fantasieland ist, wenn ich träume und dann aufwache." Etwas später „Du darfst das aber nicht meiner Mama und meinem Papa erzählen. Das ist ein Geheimnis. Die glauben nicht an Feen und die Mama würde es überall gleich rumerzählen."

Bei beiden Kindern waren die Eltern sehr bemüht, aber primär am Funktionieren und dem Wert der äußeren Realität ausgerichtet. Beide Kinder tauchen in den geschilderten Szenen im geschützten therapeutischen Raum in die Fantasietätigkeit der magisch-phallischen Phase ein. Sie holen nach, was zu wenig Raum hatte, und stärken ihr Selbsterleben. Der Junge stärkt die männliche Identität als furchtloser Held, das Mädchen Weiblich-Spielerisches. Gleichzeitig erleben sie sich getrennt, abgegrenzt, mächtig, wenn sie mir gegenüber ihre innere Wahrheit – die Fantasien seien wirklich und für sie sind sie auch wirklich (Jung: *Wirklich ist, was wirkt.*) – vertreten, ohne dass sie Strafe und Verfolgung befürchten müssen.

Beide Kinder sind in ihrer Ich-Entwicklung schon so weit, dass sie klar zwischen Fantasie und Realität unterscheiden, die Folgen einschätzen können und diese schon entwickelte Fähigkeit dazu nutzen, der Strafe und der Beschämung zu entgehen. Es ist wie ein Aufwachen aus einer regressiven Bewegung in die magische Phase, wie aus einem Traum, hin zum unterscheidenden, planenden Ich, als sie mir verbieten, es den Eltern zu erzählen.

Wir erinnern uns alle an Notlügen als Kinder, an Lügen, um etwas zu kriegen, was wir gerne hätten, etwas zu vermeiden, wozu wir keine Lust hatten, sei es aus Überforderung, zur Selbstdarstellung und Selbsterhöhung oder zum Schutz.

Wir erinnern uns an die Hausaufgaben, die verheimlicht wurden, oder an die Lehrer, die angelogen wurden, – als Jugendliche an Ausreden, wenn wir zu spät nach Hause kamen oder Alkohol getrunken hatten.

Auch Loyalitätskonflikte, den anderen nicht kränken wollen, können eine Rolle spielen, beispielsweise wenn bei getrennten Eltern ein Kind dem anderen Elternteil nicht erzählt, wie schön es doch bei und mit dem andern Elternteil war, sondern das Gegenteil behauptet. oder wenn eine Freundin nicht wissen darf, dass man sich mit der anderen trifft.

Lügen, um sich aufzuwerten, hat mehr Bezug zur magischen Phase: Der Selbstwert ist so gering, das positive narzisstische Erleben und Selbst-

Abb. 2. Aus dem Archiv von Maretta Steigenberger.

erleben so verletzt, dass man sich mit Größenfantasien und Lügengeschichten schmücken muss. Ein Junge erzählt mir, dass er die meisten Süßigkeiten und das meiste Taschengeld von der ganzen Klasse hat. Er habe so viel Süßes, dass er eine zweite Schublade brauche. Ca. ein Jahr später hat sich etwas verändert: „Früher hab ich gedacht, dass ich das meiste Taschengeld von allen kriege. Der Reichste bin. Jetzt weiß ich, dass ich am wenigsten kriege." Eine Trennung von Fantasie und Realität, eine Realitätsprüfung ist nun möglich.

Es ist ein Gewinn, aber auch ein Verlust, denn wer wäre nicht gerne auch mal der Reichste, Größte? *Die Phantasie tröstet die Menschen darüber hinweg, was sie nicht sein können.* (A. Camus). In Untersuchungen wurde festgestellt, dass Frauen eher aus Empathie und Scheu vor Konflikten, um den anderen zu schonen und nicht zu verletzen, auch einfallsreicher lügen, und Männer eher zur narzisstischen Aufwertung. Dazu passt folgende Anekdote eines kleinen Mädchens, die ich an den Schluss stellen möchte:

„Gestern hat der Moritz am Vespertisch erzählt, dass er auf dem Spielplatz einen toten Mann mit zwei Messern in der Brust gesehen hat. Aber das kann doch nicht sein! Aber die anderen Jungs, der Marcel und der Jannik, die auch beim Vespern da waren, haben es ge-

glaubt. Und gefragt „Stimmt das wirklich?" Und der Moritz hat ja gesagt und da haben sie es geglaubt. Solche Dummköpfe. Ich hab mich mit der Jenny, die mit mir noch als einziges Mädchen am Tisch saß, unterhalten, was es für Blätter gibt und welche Farbe sie haben und so ..."

Hier ist die Polarität von Fantasie und Realität, Lüge und Wahrheit zwischen den Protagonisten Jungs und Mädchen aufgeteilt. In „Wahrheit" spielt sich die Bewegung zwischen den Polen in einem lebendigen Spielraum des Da-Zwischen lebenslang in jedem Einzelnen ab. *Ich glaube jedem, der die Wahrheit sucht, ich glaube keinem, der sie gefunden hat.* (K. Tucholsky)

Maretta Steigenberger
Analytische Kinder- und Jugendlichenpsychotherapeutin in eigener Praxis, Dozentin und Supervisorin am C. G. Jung Institut Stuttgart.

Die Psychologie der Täuschung (3)

Wie wir andere Menschen manipulieren und täuschen

Bei Fremdtäuschungen geht es im weitesten Sinne darum, andere Menschen zum Erreichen bestimmter Ziele zu beeinflussen. Solche Täuschungsmanöver kommen bereits in der Tier- und Pflanzenwelt vor, auch wenn man in diesen Fällen nur bedingt von einer absichtlichen Täuschung anderer Organismen sprechen kann. So stehen z. B. die Mimikry – die Fähigkeit zur Tarnung und Anpassung an die Umgebung und die Nachahmung wehrhafter Tiere durch schutzlose Tiere – und andere Täuschungsmanöver im Dienste der Selbsterhaltung und des Überlebens.

Bei den meisten kriminellen Handlungen kommt es irgendwie darauf an, dass Dinge und Geschehnisse anders dargestellt werden, als sie in Wirklichkeit sind. Fälschungen, Falschspiel, Hochstapelei, Bauernfängerei, Verbrechenstarnung, Betrug und Mord, bestimmte Formen der Werbung und Propaganda in Wirtschaft und Politik usw.: immer sollen dabei ja die eigentlichen Taten, die eigentliche Motive und die eigentlichen Täter unentdeckt bleiben.

Aber nicht nur kriminelle Menschen, sondern wir alle täuschen und lügen jeden Tag. Die am meisten geübten Methoden sind das (Ver-)Schweigen, Verheimlichen, das Ablenken, das Bagatellisieren, das Verschönern und Idealisieren, Dramatisieren und Übertreiben, das Abwerten, Schlechtmachen und Intrigieren, das Leugnen und das Lügen. Wir alle lügen fortwährend aus Trägheit, Gleichgültigkeit, Angst, Hilfslosigkeit, Not, aus Berechnung, zur Aufrechterhaltung unseres Selbstwertgefühls und der sozialen Anerkennung, aus Machttendenzen, manchmal auch aus Liebe und Empathie, um den anderen Menschen nicht zu verletzen, zu beschämen, Angst zu machen oder um ihn zu ermutigen.

Hier eine Liste einiger häufiger Ausreden:

„Hallo! Wie schön Dich zu sehen!"
    (Wie dumm, dass der mir jetzt gerade über den Weg läuft.)

„Mensch erzähl' mal. Wie geht es Dir denn?"
    (Interessiert mich eigentlich nicht. Hoffentlich erzählt der jetzt nicht so viel von sich.)

„Danke. Mir geht es gut."
    (Dem werd' ich doch nicht von meinen Problemen erzählen.)

„Du siehst gut aus!"
    (Aber siehst auch ziemlich alt aus.)

„Wir müssen uns unbedingt mal wieder sehen!"
    (Hoffentlich nicht.)

„Ich ruf' Dich mal an!"
    (Werde ich sicher nicht tun.)

„Entschuldige die Verspätung. War ein großer Stau unterwegs."
    (Ich habe getrödelt und bin zu spät weggefahren.
    Aber so ein Stau ist ja immer eine gute Ausrede.)

„Ich habe den Anruf verpasst, hatte keinen Empfang."
    (Ich hatte gerade keine Lust, ans Handy zu gehen.)

„Die Post ist wohl noch unterwegs."
    (Mist, habe ich glatt vergessen, ihm zu schreiben).

Jakob, der Lügner – Verbreiter von „Fake News"?

Irene Berkenbusch

Eine Lüge ist bereits dreimal um die Erde gelaufen, bevor sich die Wahrheit die Schuhe anzieht.
(Mark Twain)

Einleitung und kurzgefasster Inhalt

Er war also ein Lügner, dieser Jakob. Und so etwas wird von vornherein in einem Buchtitel bekannt gegeben? Wer möchte schon gleich als Lügner durchschaut werden oder als Autor seinen Helden als Lügner „denunzieren"? Gegenwärtig werden allerdings Fake News als Wahrheit verbreitet, Propaganda, Fälschungen und Verschwörungstheorien geistern durch die Medienlandschaft. Die vom anderen Lager dagegen sind die Lügner. Wie war das mit Jakob?

Vielleicht ist es ein bisschen gewagt, die Geschichte von Jakob in einem jüdischen Ghetto in Polen im Zweiten Weltkrieg mit den Fake News von heute zu vergleichen. Dennoch erscheint mir ein solcher interessanter Vergleich einen Versuch wert, denn schließlich waren es auch Falschmeldungen, die Jakob verbreitete, und es lässt sich anhand von seinem Handeln der unterschiedliche Charakter von Fake News gut erkennen und bewerten. Was also unterscheidet Jakobs Verbreitung von Unwahrheit von den Fake News von heute, abgesehen davon, dass es sich in einem Fall um einen Roman, im anderen leider um bittere Wahrheit handelt?

Jakob der Lügner, ein Roman von Jurek Becker, erschienen bereits 1969 im Aufbau-Verlag Berlin und 1982 als Taschenbuch im Suhrkamp Verlag, erzählt die Geschichte von dem Juden Jakob Heym, einem ehemaligen Kartofelpufferbäcker, der als Bewohner eines fiktiven Ghettos zur Zeit des Zweiten Weltkriegs in Polen zu seinem ganz persönlichen Widerstand gegen die dortigen unmenschlichen Lebensverhältnisse findet. Sicher hat Jurek Becker auch schon die Frage interessiert, inwieweit es „erlaubte" Lügen gibt und wann diese sogar notwendig sind.

Denn Jakob versucht, den Menschen im Ghetto Hoffnung und Lebenswillen zu vermitteln, indem er Nachrichten über das Vorrücken der Roten Armee erfindet, die er angeblich in einem in seinem Besitz befindlichen Radio gehört haben will.

Jurek Becker erzählt diese Geschichte nicht als allwissender Erzähler aus seiner Perspektive, sondern er setzt einen fiktiven Erzähler ein, der die Ereignisse im Ghetto als 23- bis 24jähriger miterlebt, aber - anders als Jakob - den Holocaust überlebt hat und somit die Gegebenheiten aus eigener Erinnerung oder Berichten anderer Beteiligter etwa 22 Jahre später schildern kann. Er lebt in der Gegenwart, die Geschehnisse im Ghetto sind Vergangenheit, wodurch zwei Zeitebenen entstehen, die miteinander verbunden werden und in die Gegenwart hineinreichen. Auch flicht der Ich-Erzähler seine Perspektive und Gefühle mit ein und stellt dem Leser zwei verschiedene Schlüsse zur Verfügung, weil für ihn die Wahrheit zu grausam ist. Darauf wird zurückzukommen sein.

Jakobs Idee entsteht, als er eines Tages im Büro des Ghettokommandanten zufällig eine Radiomeldung vom Vorrücken der Roten Armee aufschnappt, was die Aussicht auf eine baldige Befreiung des Ghettos eröffnet. Sofort ist sein Entschluss gefasst, diese Meldung im

Jakob (Vlastimil Brodský) und Kowalski (Erwin Geschonneck) in dem Film *Jakob der Lügner* (1974)

Ghetto zu verbreiten, um den Menschen Hoffnung zu geben. Nach und nach, je länger sich das vermeintliche Eintreffen der Roten Armee verzögert, sieht sich Jakob genötigt, immer wieder neue Meldungen zu erfinden, wobei er vorgeben muss, im Keller insgeheim ein Radio zu besitzen, was im Ghetto für Juden bei Todesstrafe verboten ist. Somit wird er zu Jakob dem Lügner, und am Ende holt die grausame Wirklichkeit die Menschen im Ghetto ein. Es wird Straße um Straße geräumt, und Jakob wird, ebenso wie der Ich-Erzähler und die übrigen Ghettobewohner in ein KZ abtransportiert. Auf dem Weg ins KZ lernt der Erzähler Jakob näher kennen, der ihm seine Geschichte, vor allem die vom erfundenen Radio erzählt.

Die Geschichte von Jakob ist zwar fiktiv, basiert aber teilweise auf autobiographischen Ereignissen. Jurek Becker, 1937 in Łódź (Polen) geboren, war als kleiner Junge mit seinem Vater im Ghetto Łódź interniert. Die Geschichte vom Radioerzähler verdankt Becker seinem Vater, der ihm von einer tatsächlichen Begebenheit mit einem Ghettobewohner erzählt, der im Ghetto Łódź ein Radio gebastelt und fingierte Nachrichten über die anrückende russische Armee weitergegeben hat, dann auf-

grund von Verrat von der Gestapo erschossen wurde.

Diese realen Erfahrungen lieferten Becker die Grundlage für seinen Roman.

Wirkung der Radiolüge

Die Nachricht vom Radio und der Möglichkeit, durch Jakob immer die neuesten Informationen über die nahe Befreiung erhalten zu können, verbreitet sich wie ein Lauffeuer im Ghetto. Schlagartig verändert sich die Stimmung unter den Menschen, die Selbstmorde hören auf, und es gibt plötzlich inmitten von Angst und Grausamkeit etwas Hoffnung. Der erste, dem Jakob von der guten Nachricht berichtet, ist Mischa, ein Freund, mit dem Jakob oft Kisten am Verladebahnhof schleppen muss. In dem Moment, als dieser den lebensgefährlichen Entschluss gefasst hat, von einem in der Nähe stehenden Eisenbahnwaggon Kartoffeln zu stehlen, spricht Jakob mit ihm. Da diesem die Aussichtslosigkeit und die Gefahr dieses Unterfangen bewusst ist, versucht Jakob, seinen Freund davon abzuhalten, indem er ihm von der guten Nachricht der vorrückenden Russen erzählt. Dem zweifelnden Mischa vermag er nur durch die Behauptung, er besitze ein

Radio, Gewissheit zu vermitteln, sodass dieser vom geplanten Kartoffelraub ablässt. Es ist die erste überzeugende Wirkung von Jakobs Radionachricht. Mischa empfindet, dass sein Leben wieder etwas wert ist, er ist nicht mehr bereit, es einfach aufzugeben, da Hoffnung auf Befreiung besteht. Plötzlich ist es wieder wichtig zu überleben.

> *Nicht die Posten haben geschossen. [...] Jakob hat geschossen und ins Herz getroffen. Ein Glücksschuss, von der Hüfte und ohne richtig gezielt zu haben, und doch hat er getroffen. Mischa bleibt reglos sitzen, die Russen sind 400 Kilometer von uns entfernt [...] und Jakob hat ein Radio. [...] ganz plötzlich ist morgen auch noch ein Tag.*

Jakob, S. 32

Es besteht wieder eine Hoffnung auf Zukunft, sodass er kurz darauf seiner Freundin Rosa einen Heiratsantrag macht bzw. bei ihrem Vater um ihre Hand anhält. Durch die Aussicht auf Befreiung erscheint der Gedanke zu heiraten nicht mehr abwegig. Rosa macht Pläne für die Zeit nach dem Ghetto, denn alle persönlichen Dinge müssten geregelt sein, wenn die Russen kommen.

Trotz Jakobs Verbot an Mischa über das Radio zu sprechen, lässt sich diese Nachricht nicht verheimlichen. Nicht nur Mischa und Rosa sind von der Neuigkeit erfüllt, auch die meisten der übrigen Ghettobewohner nehmen die hoffnungsvolle Nachricht begeistert auf. Anstatt sich um alltägliche Dinge Gedanken zu machen und sich zu fragen, wie man überlebt, denkt man kaum noch daran, dass man sterben könnte.

Das Beispiel von Mischa soll exemplarisch stehen für viele andere Personen im Ghetto, die ähnlich reagieren. Viele erleben neue Hoffnung, die Rückkehr von Lebensmut und vergessene Werte wie Freundschaft werden wieder wichtig. Es gibt aber auch die anderen, die skeptisch sind oder sich nach der Erfahrung vom Abtransport ihrer Familienangehörigen oder Freunde in ein KZ nicht mehr über die Radionachrichten freuen können.

Die zwei Gruppen im Ghetto

Abgesehen von der Gruppe der Täter, die das Ghetto bewachen, die Juden zur Zwangsarbeit einteilen, sie misshandeln und Deportationen durchführen, lassen sich unter den internierten Ghettobewohnern je nach der Reaktion auf Jakobs Radionachrichten zwei Gruppen feststellen. So heißt es im Text:

> *Es gibt längst zwei Parteien mitten durch die Häuser, Jakob hat nicht nur Freunde, zwei Parteien ohne Satzungen, aber mit gewichtigen Argumenten und Plattform und Überredungskunst. Die einen fiebern nach Neuigkeiten, was ist letzte Nacht geschehen, wie hoch sind die Verluste auf jeder Seite [gemeint sind die Truppen der Wehrmacht und die der Russen], keine Meldung ist so klein, dass man aus ihr nicht dieses und jenes schlussfolgern könnte. Und die anderen haben genug gehört [...], für sie ist dieses Radio eine Quelle ständiger Gefahr.*

Jakob, S. 83 f.

Somit besteht die erste Gruppe aus Menschen, die auf Nachrichten von Jakob lauern, um aus ihnen immer wieder Hoffnung und Lebensmut schöpfen zu können.

In der zweiten Gruppe befinden sich die Vorsichtigen bzw. die Skeptiker. Sie verurteilen Jakob, halten Distanz zu ihm aus Angst, die Gestapo könne von dem Radio erfahren und daraufhin das gesamte Ghetto in ein Lager deportieren. Dadurch dass sich das erhoffte Eintreffen der russischen Armee immer weiter verzögert, weichen immer stärker Hoffnung und Mut der Resignation und Angst. Auch Jakobs Unsicherheit, ja Verzweiflung wachsen, auch, weil er sich überfordert fühlt, immer neue Nachrichten erfinden zu müssen, ohne dass sich etwas Positives für die Menschen ändert. Die Macht der Lüge ist somit etwas äußerst Ambivalentes, sie kann konstruktiv wirken, kann aber auch sehr gefährlich werden, vor allem, wenn sich die Lüge verselbstständigt und wenn sich Menschen trügerischen Hoffnungen hingeben, die sich dann nicht bewahrheiten. Denn während Jakob anfangs noch glaubte, die von ihm verbreitete

wahrheit und lüge

Hoffnungsnachricht könne sich tatsächlich erfüllen, wird ihm immer stärker bewusst, dass die Wahrscheinlichkeit zu überleben, für die Ghettobewohner eher gering ist. Schließlich vetraut er sich Kowalski, einem Mitgefangenen, an und erzählt ihm die Wahrheit über das Radio. Einen Tag später nimmt sich Kowalski, da ohne jede Zukunftsperspektive, das Leben. Auch wenn zwei weitere Selbstmorde aus Verzweiflung und eine Erschießung geschehen, weil jemand unvorsichtig dabei war, die Radionachricht weiterzugeben, hat Jakobs Lüge doch insgesamt eine positive Wirkung.

Es herrscht plötzlich eine menschlichere Atmosphäre, die Menschen nehmen Wagnisse auf sich, um anderen zu helfen. Viele Ghettobewohner glauben, wieder eine Zukunft zu haben, sie fassen neuen Mut, kämpfen um ihr Überleben und können plötzlich in all der Trostlosigkeit einen Hoffnungsschimmer sehen, denken sogar an die längst vergessene Aussicht auf Errettung.

Das erinnert an den Wiener Neurologen und Psychiater Viktor Frankl (1905-1997), der aufgrund seiner Erlebnisse im Konzentrationslager Auschwitz feststellte, dass Menschen, die noch eine Aufgabe vor sich sahen bzw. einen Lebenssinn für sich aufrecht erhielten und Hoffnung hatten, eher überlebten als diejenigen, die perspektivlos und resigniert waren. Auch in Jurek Beckers Roman überleben Menschen, und anderen, die umkommen, kann Jakob immerhin zu einem etwas längeren Leben ohne Verzweiflung, sogar mit etwas Hoffnung im Ghetto verhelfen. Sicher war es nicht möglich, die Menschen vor dem Tod zu bewahren, andererseits beschleunigt ihn Jakob auch nicht.

Jakob und die Fake News

Nach der ersten Nachricht, die Jakob tatsächlich per Zufall im Radio der Gestapo gehört hatte, entwickeln sich alle nachfolgenden, von ihm weitergegebenen Nachrichten immer mehr zu Lügen, abgesehen davon, dass bereits die Behauptung, ein Radio zu besitzen, eine Lüge war. Dass wir bei Jakobs Falschmeldungen nicht von „Fake News" im heutigen Sinn sprechen können, lässt sich überzeugend zeigen, wenn wir einen kurzen Vergleich anstellen. Dabei erscheinen zwei Gesichtspunkte wichtig.

1. Jakobs Motivation und Intention

Im Unterschied zu den Verbreitern von Fake News, die meist aus Hass, persönlichem Profit und dem Drang nach Machtgewinn ihre Falschmeldungen weitergeben, hat Jakob eine weitgehend uneigennützige Motivation

v.l.n.r.: Mischa (Henry Hübchen) und Jakob (Vlastimil Brodský) in dem Film „Jakob der Lügner" (1974)

für deren Bekanntgabe. Die erste Nachricht, die er weitergibt, ist überhaupt keine Lüge, denn er hat diese Information tatsächlich im Radio gehört. Auch danach widerstrebt es ihm zunächst, die Leute zu belügen. Er schmückt die Radioinformation lediglich immer mehr aus. Erst als er bemerkt, dass die Leute sich nicht mehr zufriedengeben und dass er ihnen nur durch neue Informationen Hoffnung geben kann, beginnt er zu lügen. Das zeigt, dass Jakob die Lüge nicht von Anfang an geplant hat und dass es ihm schwerfällt, sie weiterzugeben. Darüberhinaus ist Jakobs gute Absicht zu vermerken. Er lügt nicht aufgrund von Vorteilsgewinn, im Gegenteil, seine Situation missfällt ihm, und er handelt, um anderen zu helfen.

> *Die Hoffnung darf nicht einschlafen,*
> *sonst werden sie nicht überleben,*

davon ist Jakob überzeugt (Jakob S. 75). Er ist nicht egoistisch darauf bedacht, Macht über Menschen zu gewinnen und sich dabei schadlos zu halten, sondern er gibt die Lüge preis und weiß, dass er sich dadaurch in eine zunehmend schwierige Situaton bringt. Jakob wird zum Lügner aus Verantwortung, die Verbreitung von Fake News ist dagegen als verantwortungslos zu bezeichnen. Nicht nur eine Interessengruppe, auch

> *der Einzelne (vermag) durch massenhafte und gezielte Verbreitung von Fake News, Verleumdungen oder Fälschungen auf einmal spürbaren Einfluss zu erlangen. Es geht dann nicht mehr um größeres Verantwortungsbewusstsein, sondern um pures Eigeninteresse, ja Eigenliebe.*
>
> Zehnpfennig, 2017, S. 19

Die Lüge wird hier als Instrument der Verführung eingesetzt, indem sie an die unbewussten Komplexe und Instinkte der Menschen appelliert, um sie zu eigenen Zwecken zu nutzen.

Auch Jakobs Radiolüge ist eine gewisse Manipulationsabsicht nicht abzusprechen.

Was ihn aber auszeichnet und von den Verbreitern von Fake News unterscheidet, sind seine menschliche Intention, seine kritsche Selbstreflexion und sein Selbstverständnis.

2. Jakobs Selbstverständnis

Jakob hat sich als „Helfer" für die anderen verstanden und hat dabei sein eigenes Leben in Gefahr gebracht. Er war sich selbst immer wieder unsicher und hatte Skrupel bis hin zu Gewissensbissen, ob seine Handlungsweise richtig war. Auch wägt er immer wieder ab zwischen der Vermeidung der Lüge als Unrecht und ihrer hilfreichen Wirkung auf die Ghettobewohner.

> *Du denkst dir eine große Waage mit zwei Schalen, auf eine legst du Herschel [er war durch unvorsichtiges Handeln aufgrund der Radiogewissheit umgekommnen], auf die andere türmst du alle Hoffnung, die du im Laufe der Zeit unter die Leute gebracht hast, nach welcher Seite wird sie niedergehen? Die Schwierigkeit ist, du weißt nicht, wieviel Hoffnung wiegt.*
>
> Jakob, S. 140

Um den Menschen aber einmal etwas Wahres berichten zu können, versucht Jakob authentisches Material in Form von Zeitungsausschnitten auf der Toilette der Nazis zu ergattern, was aber misslingt. Es lastet schwer auf seinem Gewissen bis hin zur Verzweiflung, immer wieder lügen zu müssen. Dennoch hält er an dem Glauben fest, dass er durch das Radio etwas bewirken kann, ja, dass er es tun muss.

In einem Gespräch mit einem Ghettobewohner begründet er das, indem er sagt:

> *Und wenn ich versuche, die allerletzte Möglichkeit zu nutzen, die sie davon abhält, sich gleich hinzulegen und zu krepieren, mit Worten, verstehen Sie, mit Worten, versuche ich das.! Weil ich nämlich nichts anderes habe.*
>
> Jakob, S. 194

Auch der Erzähler beurteilt Jakob und seine Lüge positiv.

Er [Jakob] hat versucht, mir zu erklären, wie eins nach dem anderen gekommen ist und dass er gar nicht anders gekonnt hat, aber ich will erzählen, dass er ein Held war. Keine drei Sätze sind ihm über die Lippen gekommen, ohne dass von seiner Angst die Rede war, aber ich will von seinem Mut erzählen.

Jakob, S. 44

Da der Erzähler letztlich vom Wert der Radiolüge überzeugt ist, erfindet er zu dem traurigen, nichtswürdigen Ende (S. 258) der Geschichte, bei dem die Russen nicht kommen, und alle Ghettobewohner in ein KZ deportiert werden, Jakobs Lüge also nichts genutzt hat, einen zweiten, einen ordentlichen Schluss hinzu (S. 258). Darin beschließt Jakob zu fliehen. Doch gerade als er mit einer Zange den Maschendraht durchtrennen will, wird er entdeckt und stirbt durch Schüsse aus einer Maschinenpistole. Aber unmittelbar nach seinem Tod kündigt sich durch Donnern die Befreiung des Ghettos durch die Russen an, und es wirkt so, als wollten sie Jakobs Tod sühnen. Außerdem können dadurch noch sehr viele Ghettobewohner befreit werden. Da sie bis zum Ende durchhalten konnten, hat sich Jakobs Lüge gelohnt.

Schlussbetrachtung
Wie unterschiedlich Lüge zu beurteilen ist, wird durch die Gegenüberstellung von Jakobs Falschmeldungen und den heutigen Fake News sehr deutlich.

Es gibt die Lüge, die konstruktiv wirken kann, wenn sie Hoffnung und Lebensmut in aussichtslosen Situationen zu vermitteln vermag, auch wenn die Frage berechtigt ist, ob es ethisch zu vertreten ist, Menschen über die wahre Situation ihres Lebens zu täuschen. Hat nicht jeder Mensch immer und überall das Recht, die Wahrheit zu erfahren, mag sie auch noch so schrecklich sein? Die Zwiespältigkeit der Lüge, dass sie lebensfördernd oder auch zerstörerisch wirken kann, wird in Jurek Beckers Roman sehr deutlich. Trotz allem aber bleibt Jakob bei seinen Radiolügen die Realität von Ungewissheit und Gefahr, in der sie

sich alle befinden, immer bewusst, während die Verbreiter von Fake News den Boden von Wahrheit und Realität verlassen und Tatsachen bewusst fälschen. Sie wirken tatsächlich zerstörerisch, da sie die Grenzen zwischen Fakt und Fake völlig verwischen. Jakob dagegen hat den Respekt und die Verantwortung für die Menschen im Ghetto nie verloren und hat immer wieder für Hoffnung und den Wert des Lebens gekämpft.

Literatur
Becker, Jurek (1982): Jakob der Lügner. Frankfurt a. M.: Suhrkamp
Frankl, Viktor (2007, 28. Aufl.): Trotzdem Ja zum Leben sagen. München: dtv
Zehnpfennig, Barbara (2017): Nichts als die Unwahrheit, in: Die Macht der Lüge. ZEIT Geschichte. Nr.3/2017, Hrsg.: Benedikt Erenz, Christian Staas, Dr. Volker Ullrich. ZEIT Geschichte. Hamburg: Zeitverlag Gerd Bucerius
Zimmermann, Werner (1988): Jurek Becker: Jakob der Lügner. In: Zimmermann, W., Deutsche Prosadichtungen des 20. Jahrhunderts. Bd.3, Düsseldorf, S. 10-39.

Irene Berkenbusch
Dr. phil., Analytische Psychologin (DGAP, IAAP), Dozentin und Lehranalytikerin am ISAP Zürich, Dozentin am C.G. Jung-Institut Stuttgart. Arbeit in freier Praxis in Ludwigshafen a. Rhein. Veröffentlichungen auf psychologischem und literarischem Gebiet.

Die Psychologie der Täuschung (4)

Persona und Schatten

In der Analytischen Psychologie begegnet man der Problematik von Lüge und Wahrheit an vielen Stellen, beispielsweise in der Ambivalenz des Archetypischen und Symbolischen, der polar-paradoxen Ganzheit des Selbst, der zentralen Gestalt des Hermes-Mercurius und natürlich auch in der Dynamik zwischen **Persona und Schatten**.

Die **Persona** dient unserer notwendigen sozialen Anpassung, sie ist die Rolle, die Maske, die Fassade, die wir nach außen hin zeigen, um einen attraktiven, erfolgreichen, zuverlässigen und vertrauenswürdigen Eindruck zu machen.

Eine gut mit unserem Wesen verbundene Persona ist für ein reibungsloses Leben innerhalb des gesellschaftlichen Gefüges von Beziehungen und Interaktionen lebensnotwendig. Ihr Fehlen kann ebenso psychische und soziale Störungen verursachen wie ihre Überbetonung. Im ersten Fall führt die fehlende Persona zu einer mangelnden gesellschaftlichen Integration, zu einer Außenseiterposition, die die Ausbildung einer gesunden Identität und eines stabilen Selbstwertgefühls sehr erschwert oder unmöglich macht. Im zweiten Fall wird die Persona zu einer Fassade, hinter der sich die eigene Persönlichkeit von sich selbst entfremdet, was zu tiefen Krisen und psychischen Störungen führen kann.

Der **Schatten** ist meist der egoistische, archaische, triebhafte, „primitive" und boshafte Teil von uns, den wir hinter unserer Persona verbergen und nur im Heimlichen und Verborgenen ausleben. Er beinhaltet oft aber auch ungelebte positive, kreative und vitale Ressourcen und Fähigkeiten. Die bewusste, ehrliche Auseinandersetzung mit diesen Aspekten unserer Persönlichkeit, sie mit ihren jeweiligen Täuschungsmanövern zu kennen und mit ihnen verantwortlich zu leben, ist ein wesentlicher Teil der Individuation und der mit ihr verbundenen autonomen Moral und Ethik.

Mephisto (G. Gründgens) und Faust (W. Quadflieg) in einer Verfilmung der Faust-Inszenierung des Hamburger Schauspielhauses 1960.

Faust, der Wahrheits- und Erkenntnissucher, der herausfinden will, was *die Welt im Innersten zusammenhält*, muss sich mit seinem Schattenbruder, dem teuflischen Lügner und Betrüger Mephisto (*der Geist, der stets verneint, ein Teil von jener Kraft, die stets das Böse sucht und stets das Gute schafft*) zusammentun, um wieder Lebenssinn und Lebenslust zu spüren.

Wenn man sich jemanden vorstellt, der tapfer genug ist, diese Projektionen allesamt zurückzuziehen, dann ergibt sich ein Individuum, das sich eines beträchtlichen Schattens bewußt ist.

Ein solcher Mensch hat sich neue Probleme und Konflikte aufgeladen. Er ist sich selbst eine ernste Aufgabe geworden, da er jetzt nicht mehr sagen kann, daß die Anderen dies oder jenes tun, daß sie im Fehler sind, und daß man gegen sie kämpfen muß.

Solch ein Mensch weiß, daß, was immer in der Welt verkehrt ist, auch in ihm selber ist, und wenn er nur lernt, mit seinem eigenen Schatten fertig zu werden, dann hat er etwas Wirkliches für die Welt getan.

Es ist ihm dann gelungen, wenigstens einen allerkleinsten Teil der ungelösten riesenhaften Fragen unserer Tage zu beantworten.

Jung, GW 11, § 140

Die Psychologie der Täuschung (5)

Die symbolische Wirklichkeit von Mythen, Märchen und Geschichten

Es hat sich heutzutage fast schon etabliert, den Begriff des *Mythos* im Sinne einer falschen Vorstellung oder Lüge zu verwenden. Das geht aber im Verständnis der Analytischen Psychologe an dem ursprünglichen Begriff und der umfassenden Bedeutung, die Mythen und symbolische Erzählungen für den Menschen hatten und heute noch haben, ganz wesentlich vorbei.

Märchen und Mythen (altgriechisch „Laut, Wort, Rede, Erzählung, sagenhafte Geschichte") sind nach tiefenpsychologischer Auffassung zuallererst symbolische Erzählungen und Geschichten, die Menschen offenbar als so bedeutungsvoll und hilfreich empfunden haben, dass sie zur Lebensorientierung und Lebensgestaltung dienten. Es lässt sich fragen, wie unsere Welt aussähe, wenn es sie nicht mehr gebe.

Seit jeher haben sich die Menschen – oft zum Ausgleich gegenüber der Monotonie und „harten" Realität des Arbeits- und Alltagslebens – gerne Geschichten erzählt. Auch die heutigen Menschen verbringen einen großen Teil ihrer Freizeit in den virtuellen Welten der Fantasie, der Fiktionen und Narrationen. Selbst die Schilderungen ihres gar nicht so besonderen Alltagslebens schmücken sie gerne dramatisch aus, indem sie ihnen die Form von bedeutsamen Ereignissen geben.

Wer sich heute in der Welt der Computerspiele, der virtuellen Medien, der Filme und TV-Serien, der Werbung und des Internet ein wenig auskennt, ist beeindruckt von der Präsenz ewiger mythischer Themen und Motive. Götter, Teufel, Hexen, Dämonen und Geister, Monster, Drachen, Helden und Heldinnen, böse Widersacher, Liebe und Verrat, Zauber und Magie, Unterwelten und Überwelten finden sich dort wie eh und je.

Die Analytische Psychologie hat einen wichtigen Erkenntnisschritt getan, indem sie mythische, märchenhafte und literarische Erzählungen der Welt nicht hauptsächlich als falsche und neurotische Fantasieprodukte interpretierte, sondern als psycho-symbolischen Ausdruck universaler existenzieller Motive und Bedürfnisse. Und eines dieser existenziellen Bedürfnisse – neben z.B. schön, reich, mächtig und berühmt zu sein – ist die *Quest*, die Suche nach dem Sinn, dem Neuen, dem Erforschen des Unbekannten, das abenteuerliche Ausloten von Grenzen außen und innen. Und dazu verhilft die intuitive, schöpferische Fantasie. Mit ihrer Hilfe können wir unseren Erlebens- und Erfahrungshoirzont wenigsten virtuell erweitern und Seiten von uns leben, zu denen wir konkret nie in der Lage wären.

Die Psyche erschafft täglich die Wirklichkeit.
Ich kann diese Tätigkeit mit keinem anderen Ausdruck als mit »Phantasie« bezeichnen.
Die Phantasie ist ebenso sehr Gefühl wie Gedanke, sie ist ebenso intuitiv wie
empfindend. Es gibt keine psychische Funktion, die in ihr nicht ununterscheidbar mit
den anderen psychischen Funktionen zusammenhinge. Sie erscheint bald als uranfäng-
lich, bald als letztes und kühnstes Produkt der Zusammenfassung alles Könnens.
Die Phantasie erscheint mir daher als der deutlichste Ausdruck der spezifischen
psychischen Aktivität. Sie ist vor allem die schöpferische Tätigkeit, aus der die
Antworten auf alle beantwortbaren Fragen hervorgehen, sie ist die Mutter aller
Möglichkeiten, in der auch, wie alle psychologischen Gegensätze, Innenwelt und
Außenwelt lebendig verbunden sind.

Jung, GW 6, § 78

„Erzähl mir doch kein Märchen!"

Und warum wir sie doch immer wieder gerne hören.

Gidon Horowitz

Foto: Romolo Tavani, Fotolia 105680756

Erzähl mir doch kein Märchen!, – so heißt es oft, wenn jemand ausdrücken möchte, dass er oder sie das gerade Gehörte nicht glaubt. Aber sind Märchen Lügen? Als junger Erwachsener geriet ich nach dem frühen Tod meines Vaters in eine tiefe Krise. Ich suchte nach Halt und Orientierung. In dieser schwierigen Zeit habe ich in den Märchen, die mich schon in der Kindheit fasziniert hatten, viel Wahrheit entdeckt. Nicht die Wahrheit, die z. B. in einer Zeitung zu finden ist, sondern tiefe Lebensweisheit, die mir geholfen hat, meinen eigenen Weg zu suchen und den Mut aufzubringen, ihn auch zu gehen. Das drückt auch die folgende Geschichte aus:

Die Wahrheit und das Märchen

Eine alte jüdische Legende erzählt, dass die Wahrheit und das Märchen sich einst auf der Landstraße begegneten. Die Wahrheit war völlig nackt und sah ganz heruntergekommen aus. Das Märchen aber war strahlend schön und prächtig gekleidet.

„Was ist denn mit dir geschehen, liebe Schwester?", fragte das Märchen die Wahrheit. „Ach!", klagte diese. „Die Menschen mögen mich nicht. Wo ich hinkomme, werde ich fortgejagt. Keiner nimmt mich auf oder gibt mir etwas zu essen."

„Die Menschen mögen eben keine nackte Wahrheit", meinte das Märchen nachdenklich. „Weißt du was? Ich werde dir einige meiner schönen Gewänder leihen, und wenn du die anziehst, werden die Menschen dich freundlich aufnehmen."

So geschah es, und seither kommt die Wahrheit zuweilen im Gewand des Märchens zu den Menschen – und dann wird sie überall gerne aufgenommen.

nach Kanner, 1978, S. 187

Nun, weshalb sollten wir einer solchen Geschichte Glauben schenken, die doch selber eine Legende ist? Für viele Menschen ist ja schon der Gedanke befremdlich, dass Märchen überhaupt Wahrheit enthalten. Sind das nicht alles Lügengeschichten, Produkte der Fantasie, die von Wesen erzählen, die es nicht geben kann, weil kein vernünftiger Mensch sie je gesehen hat, wie z. B. Zwerge, Feen, Elfen oder Drachen? Oder in denen Unmögliches geschieht, z. B. dass Tiere sprechen, Pferde durch die Luft fliegen, Menschen in Tiere verwandelt werden?

Ich denke, wir müssen an dieser Stelle zwischen Lüge und Fantasie unterscheiden. Eine Lüge ist eine falsche Aussage, die bewusst und mit einer bestimmten Absicht gemacht wird. Wir alle kennen Notlügen wie *Ich habe keine Zeit*, wenn wir in Wahrheit keine Lust haben, etwas zu machen. Oder Ausreden, die gebraucht werden, um einen Fehler nicht zuzugeben. Oder gar verleumderische Aussagen, die den Ruf eines anderen Menschen zerstören sollen. All das sind Lügen, für deren Erfindung eine gewisse Fantasie erforderlich ist.

Fantasie jedoch, die nicht den Anspruch erhebt, reale Gegebenheiten zu schildern, die zugibt, reine Fantasie zu sein, ist keine Lüge. Es soll ja damit nichts vorgetäuscht werden. Ein Märchen ist ein Gebilde der Fantasie, es ist gewiss kein Tatsachenbericht und will das auch gar nicht sein. Hierzu ein Zitat des Schweizer Märchenforschers Max Lüthi:

Die Bilder, die das Märchen zeichnet, sind nicht Einkleidungen, sondern echte, und das heißt: wirklich erschaute Bilder. Märchen sind Schöpfungen der Fantasie. Fantasie aber schafft zwar frei, jedoch nicht willkürlich. Sie ist sich keines Zwanges bewusst, aber die Bilder und Geschehensfolgen, die sie erschaut und komponiert, steigen aus dem innern Erleben des Menschen auf und entsprechen ihm. Und solches Aufsteigen aus dumpfem Innenraum ins lichte und scharf umrissene Bild schafft Befreiung, dem, der das Märchen dichtet, und dem, der es hört.

Lüthi, 1989, S. 562 f.

Das Märchen ist *wirklich erschaut*, wie Lüthi es ausdrückt. Ich werde beim Erzählen oft von Kindern gefragt: „Ist das wahr, was du da erzählst." Ich antworte meistens: „Es ist nicht so wahr wie ein Stuhl oder ein Tisch, es ist nicht greifbar, aber es ist so wahr wie ein Traum." Das verstehen die meisten Kinder. Sie kennen Träume und wissen, dass wir im Traum alles Mögliche erleben, fühlen, denken, empfinden können. Der Traum ist auf eine andere Art wahr als das, was wir bei wachem Bewusstsein erleben. Die Schau, das Erleben des Traumes ist wahr, allerdings ist es ein inneres Erleben, das ein Mensch anderen wohl erzählen, das aber von anderen nicht überprüft werden kann. Viele Träume haben zudem eine Wirkung, die weit in den Alltag hineinreicht. Sie können uns Angst machen oder beglücken, manchmal sogar das Leben entscheidend beeinflussen. Sie sind daher wirklich im Sinne des Satzes von C. G. Jung:

Wirklich ... ist, was wirkt. Die Fantasien des Unbewussten wirken ...

Jung, GW 7, § 353

Ebenso ist es mit der Schau eines Märchens. Mit ihren Bildern und Symbolen sprechen Märchen die Seele unmittelbar in ihrer eigenen Sprache an, die auch die Sprache der Träume ist. Märchen und Träume erscheinen mir wie Geschwister. Sie können uns tief berühren und starke gefühlsmäßige Reaktionen auslösen.

Bei der Schau eines Märchens drückt sich inneres Erleben in Bildern aus, und schon dieses bloße Erleben der eigenen inneren Bilder schafft Befreiung – den Dichtenden, Erzählenden und Zuhörenden. Das lässt sich bei Erzählanlässen immer wieder beobachten. Die Gesichter der Zuhörenden entspannen sich nach und nach, ihre Augen beginnen zu leuchten. Das Märchen lässt unserer Fantasie große individuelle Freiheit beim inneren Erleben seiner Bilder, denn seine Gestalten, Dinge und Landschaften werden nicht genau beschrieben, sondern immer nur angedeutet. Bei aller Freiheit führt es uns aber doch sicher durch die klar strukturierte Abfolge des oft dramatischen Geschehens zu einem in der Regel guten Ende. Damit vermittelt es uns neben der Freiheit der Schau auch eine Struktur des Ablaufs, die auf unser Denken klärend wirken kann.

Den Märchen wird manchmal vorgeworfen, dass ihr in der Regel gutes Ende völlig unrealistisch sei, im Grunde eine Lüge, die falsche Hoffnungen weckt. Ich sehe das anders: Das gute Ende macht uns deutlich, dass es auch in den schwierigsten Lebenslagen eine günstige Entwicklung geben kann. Es muss sie nicht zwangsläufig geben, aber es gibt die Möglichkeit. Und darauf zu hoffen, nur schon daran zu denken, mobilisiert manchmal hilfreiche Kräfte im Menschen. Es ist wie ein Auftauchen aus einer Art *Tunnelblick* wie er z. B. von Menschen mit einer schweren Depression geschildert wird, die alles nur noch schwarz sehen und sich keine Besserung vorstellen können. Zudem möchte ich darauf hinweisen, dass ein Märchen in der Regel nur einen Entwicklungsschritt schildert, der gemeistert werden kann. Die nächste Krise kommt bestimmt irgendwann, aber zunächst können wir uns um die aktuelle Krise kümmern und uns freuen, wenn wir sie bewältigt haben. Dass wir sie bewältigen konnten, gibt uns zudem Vertrauen für den Umgang mit einer nächsten Krise.

Die innere Schau des Märchens ist wahr, ihr gutes Ende kann lebensfördernde seelische Kräfte mobilisieren. Aber welche Wahrheit enthalten die Märchen inhaltlich? Ron Evans, ein alter Cree-Indianer aus Kanada, Bewahrer der Geschichten seines über fünftausend Jahre alten Volkes, hat mir in einem Gespräch zu der Frage nach der Wahrheit in den Märchen und Geschichten seines Volkes in etwa Folgendes erklärt: Sein Volk kennt die *kleine* und die *große* Wahrheit. Die *kleine Wahrheit*, das sind die Ereignisse, die einmal geschehen sind.

Wir nennen das Tatsachen, Fakten, die historische Wahrheit. Für die Menschen seines Volkes sind solche einmaligen Geschehnisse nicht sehr wichtig. Ihnen geht es mehr um die *große Wahrheit*, jene Wirklichkeiten, die über Jahrhunderte hinweg Bestand haben und für alle Menschen gelten. Dazu gehört z. B. das Wissen um die persönliche Entwicklung des Menschen, um Gut und Böse, um Rücksichtnahme, um respektvollen Umgang mit anderen Lebewesen, um die Liebe und ihre Macht u.v.m. Von diesen *großen Wahrheiten* erzählen die Märchen. In unserer Sprache ausgedrückt, könnte man sagen, dass die Märchen Lebensweisheiten enthalten, die über Generationen hinweg ihre Gültigkeit behalten.

In den vergangenen Jahrzehnten sind unzählige Bücher erschienen, die solche Lebensweisheiten bei einzelnen Märchen herausgearbeitet haben. Ich möchte deshalb hier nur auf zwei kurze Beispiele eingehen.

Die Weisheit der „Dummlinge"
In dem Märchen *Die drei Federn*, einem der „Dummlingsmärchen", sucht der alte König, der sein Ende herannahen fühlt, nach einem geeigneten Nachfolger. Nur schon darin können wir tiefe Weisheit erkennen: Der König erkennt und akzeptiert, dass sein Leben endlich ist und dem Ende entgegengeht. Er ist bereit, abzutreten und sein Reich einem Nachfolger zu überlassen. Und er versucht, diesen sorgfältig auszuwählen. Dabei nimmt er es nicht als selbstverständlich an, dass der älteste Sohn ihn beerben wird. Er stellt allen drei Söhnen seine Aufgaben, alle bekommen die gleiche Chance. Nun gilt der jüngste Sohn als einfältig, er spricht nicht viel und wird von seinen Brüdern als dumm verspottet. Aber er erreicht viel mehr als seine „klugen" älteren Brüder, er löst alle Aufgaben am besten, denn er ist in Kontakt mit der Erde und ihren Wesen, mit der Natur, er steigt hinab in die Tiefe zu den Kröten und nimmt ihre Hilfe an.

Wenn wir diese verschiedenen Brüder als innerseelische Anteile sehen, als Komplexe, so ist es gerade jener zuerst verachtete, also zum Schatten gehörende Anteil, der zum Erfolg führt. Und die Kröten, die ihm dabei helfen, werden von der bewussten Einstellung auch als eklig abgelehnt. Die „Klugheit" der älteren Brüder lässt sie überheblich werden. Das ist nicht die richtige Einstellung, um neuer König zu werden.

Auf einer individuellen Ebene kann das Märchen so verstanden werden, dass nicht über-

Gordon Brown: Die drei Federn (Illustration) (www.de.grimmbilder.wikia.com)

hebliche Klugheit zu einem gelingenden Leben führt, sondern demütige Verbundenheit mit den Kräften der Natur, der Großen Mutter Erde und dabei auch die Annahme von Schattenanteilen, die von der überheblichen Klugheit abgelehnt werden. Damit bekommen wir alles, was wir zum Leben brauchen.

Auf einer kollektiven Ebene erscheint diese Aussage des Märchens hoch aktuell. Der neue König kann als neue Einstellung verstanden werden, die wir brauchen, um als Menschen eine Zukunft auf diesem Planeten zu haben. Eine überhebliche und rein intellektuelle Einstellung hilft uns nicht weiter. Wir sehen das tagtäglich: Erkenntnisse und Verordnungen helfen uns kaum, unser Verhalten so zu ändern, wie es eigentlich nötig wäre, um unser Überleben zu sichern. Wir brauchen die Bereitschaft, uns mit der Natur zu verbinden, selbst dort, wo wir sie zunächst als eklig erleben.

Das tiefe innere Erleben, dass wir mit allem Lebendigen in und um uns verbunden sind, könnte uns vielleicht eher helfen uns so zu verhalten, wie es wirklich nötig wäre.

Die unscheinbaren Helfer

In vielen Märchen erscheinen die Helferinnen und Helfer als ganz unscheinbar. In dem Tiroler Märchen *Der Stinkkäfer* sind es z. B. ein Zwerg und Mistkäfer, die dem Helden helfen, sich aus verzweifelten Lebenslagen zu befreien. In dem oben erwähnten Märchen *Die drei Federn* sind es die Kröten. In dem kaukasischen Märchen *Die jungfräuliche Königin* ist es ein alter Mann, der am Wegrand sitzt und versucht, die Spalten zusammenzunähen, die sich von der Trockenheit in der Erde gebildet haben. In dem Märchen aus Sardinien *Die beiden Alten, die alles wussten* sind es drei arme alte Männer, die unter einer Brücke hausen … Die Aufzählung ließe sich noch lange fortsetzen.

Die Helfer geben sich in der Regel nicht als solche zu erkennen. Sie erscheinen eher unscheinbar, vielleicht sogar närrisch, und es gehört ganz wesentlich zur Aufgabe der Heldinnen und Helden der Märchen, den Helfern auf die richtige Art und Weise zu begegnen.

Die Helden fragen dabei oft um Rat. Sie sind bereit, ihre Unwissenheit einzugestehen. Und sie nehmen dann die Hilfe an, ohne sie auch nur einen Augenblick infrage zu stellen. Auch hier können wir tiefe Lebensweisheit erkennen. Viele Menschen haben die Tendenz, hilfreiche Kräfte oder Wesen, die auftauchen, zu entwerten. Wie soll der oder die in der Not helfen? Das lässt sich tagtäglich beobachten.

Ich erlebe es oft im Rahmen von Therapien, dass innere Helfergestalten, wenn sie auftauchen, zunächst nicht ernst genommen werden. Sie werden eher belächelt, entwertet und können dann natürlich auch nicht wirken. Der Mensch sieht diese Kräfte zunächst noch durch sein von negativen, lebensfeindlichen Komplexen geprägtes Bild von sich und der Welt. Der Therapeut/die Therapeutin kann dann versuchen, behutsam eine andere Sichtweise anzuregen, nicht immer mit Erfolg …

Gelingt es aber, dass die Helfer ernst genommen und in die alltäglichen Fragen mit einbezogen werden, dann können sich nach und nach ungeahnte Kräfte entfalten und entscheidend zur Entwicklung des Menschen beitragen.

Wahrheit und Lüge im Märchen

Wie stehen nun die Märchen selber zu Wahrheit und Lüge? Wenn wir die schier unendliche Fülle der Märchen betrachten, müssen wir feststellen, dass es auf diese Frage keine eindeutige Antwort gibt. Ich möchte hier nur drei kurze, ganz unterschiedliche Beispiele geben:

In *Hänsel und Gretel* lügen und betrügen so gut wie alle Beteiligten. Die Eltern belügen ihre Kinder, um sie hinterrücks im Wald auszusetzen. Die Hexe hintergeht die Kinder, füttert sie, um sie schließlich aufzufressen. Und die Kinder betrügen die Hexe, sodass sie sie schließlich vernichten können. Wir identifizieren uns in der Regel mit den Kindern. Deren Betrug erscheint uns legitim, denn er dient der Verteidigung ihres Lebens. Der Betrug der anderen hingegen, der mörderische Absichten verschleiert, erscheint uns als verwerflich.

Wir können daraus sehen, dass das Märchen die Lüge an sich nicht verurteilt. Das Märchen vertritt keine bestimmte Moral, es erzählt, und da gehört die Lüge selbstverständlich dazu. Es hängt von unserer Einstellung ab, welche Lüge wir akzeptieren und welche wir verwerfen. Die Lüge ist Bestandteil des Lebens, auch diese Lebensweisheit gehört zur Wahrheit des Märchens.

In dem spanischen Märchen *Der Apfel der Gesundheit* gehen die drei Söhne eines Bauern nacheinander mit den Äpfeln der Gesundheit zum Königshof, um die kranke Königstochter zu heilen und sie zur Frau zu gewinnen. Unterwegs begegnen sie einem alten Mütterchen, das sie um etwas zu essen bittet. Die beiden älteren lehnen ab und erzählen der Alten, sie hätten Steine bzw. Frösche in ihrem Korb. Die Äpfel, die sie in Wahrheit im Korb haben, werden dann tatsächlich zu Steinen bzw. Fröschen. Der jüngste hingegen sagt der Alten die Wahrheit, erhält ihren Segen und gelangt an sein Ziel. Die beiden älteren erkennen die Helferin nicht. Die Helferin zu belügen, führt ins Verderben, auch das können wir als tiefe Lebensweisheit sehen. Aber natürlich müssen wir zuerst lernen, die wahren Helfer zu erkennen, und das ist oft ziemlich schwierig, es gibt leider kein allgemein gültiges Rezept dafür.

In dem Märchen *Der Grabhügel* legt ein alter Soldat den Teufel herein. Der Teufel will die Seele eines reichen, hartherzigen Bauern holen, aber der Soldat verlangt dafür so viel Gold, wie in seinen Stiefel passt. Während der Teufel

Die Kröte als unscheinbarer Helfer, Gordon Brown: Die drei Federn (Illustration) (www.de.grimmbilder.wikia.com)

das Gold holen geht, schneidet der Soldat die Sohle aus seinem Stiefel und stellt den Stiefel über eine mit Gras überwachsene Grube. Wie viel Gold der Teufel auch anschleppt, bis zum Sonnenaufgang kann er den „Stiefel" des Soldaten nicht füllen und verliert die Macht über die Seele des Verstorbenen.

Wir haben hier ein schwankhaftes „Trickstermärchen", der Teufel wird überlistet und betrogen, und die meisten Menschen haben ihre Freude daran. Solch ein Betrug wird gerne akzeptiert. Ich finde es in dem Zusammenhang allerdings bemerkenswert, dass der Teufel in den Märchen so gut wie immer die von ihm geschlossenen Verträge einhält. Wer nicht lügt, ist also nicht unbedingt vertrauenswürdig. Das hat auch etwas Beunruhigendes. Wem können wir vertrauen?

Zusammenfassend können wir sagen, dass die Märchen keine Tatsachen schildern, aber eine Fülle tiefer Weisheit und allgemein gültiger Wahrheit enthalten. Da die Lüge zum menschlichen Leben gehört, wird sie auch in den Märchen geschildert. Im Märchen ist es nicht immer verwerflich zu lügen, aber es führt manchmal ins Verderben. Es scheint sinnvoll, den Helferinnen und Helfern gegenüber ehrlich zu sein, aber wer die Wahrheit sagt, muss es deshalb noch lange nicht gut mit uns meinen. So fordert uns das Märchen unausgesprochen dazu auf, achtsam zu sein. Wir sollen darum wissen, dass es Wahrheit und Lüge gibt und von Fall zu Fall entscheiden, was wir glauben und was nicht, wem wir vertrauen und wem nicht, und ob wir selber die Wahrheit sagen oder lügen.

Literatur:
Dirr, A. (1922): Kaukasische Volksmärchen, Jena
Brüder Grimm (1946): Kinder- und Hausmärchen. Zürich
Jaenike, D. (2010): Baummärchen aus aller Welt. Mutabor Verlag
Jung, C. G. (1981): Die Beziehungen zwischen dem Ich und dem Unbewussten, GW Bd. 7, 3.Aufl. Olten: Walter
Kanner, I. Z. (Hrsg.) (1978): Neue Jüdische Märchen- Frankfurt a. M.
Karlinger, F. (Hrsg.) (1973): Italienische Volksmärchen. Düsseldorf
Lüthi, M. (Hrsg.) (1989): Europäische Volksmärchen, 7. Aufl. Zürich
Zingerle, I., Zingerle, J.: Kinder und Hausmärchen aus Süddeutschland.

Gidon Horowitz
https://www.maerchenschatz.de/
Märchenerzähler und Schriftsteller, Autor mehrerer Märchenbücher. Psychologischer Psychotherapeut (Psychotherapie / Psychoanalyse, DGAP, IGfAP) in eigener Praxis in Stegen bei Freiburg im Breisgau. Seit 2016 im Vorstand der Internationalen Gesellschaft für Tiefenpsychologie e.V.

Mythos und Wahrheit

Christiane Lutz

Die große Pyramide von Gizeh mit Sphinx, Foto: Sam Valadi (www.flickr.com)

Mythen sind bis heute bedeutungsvolle Geschichten, deren Inhalte im Positiven wie im Negativen als exemplarisch gelten können, weil sie etwas von der Gesetzmäßigkeit der Welt zu erklären vermögen. Der Mythos gibt damit Antwort auf die existenziellen Fragen des Seins. Die Menschen in der vorhomerischen Zeit vermochten die Geschichten von Göttern und Heroen mit ihrem eigenen Leben in Verbindung zu bringen. Sie lebten mit und in den Mythen als Ausdruck einer individuellen und kollektiv verbindlichen Wahrheit.

> *Die mächtige Wirkung des ursprünglichen Mythos hängt damit zusammen, dass sich das Übermenschliche in ihnen offenbart. Nicht irgendwelche ... Wirklichkeiten, sondern das Sein, von dem alle Wirklichkeit getragen wird. Der Mythos [...] erzählt den Menschen, wie seine Welt so wurde, wie sie ist.*
> W. F. Otto, 1962, S. 240

Die Menschen lebten im mythischen Zeitalter im Bewusstsein einer innigen Verbindung von Gott und Mensch. Im Opfer war der Gott leibhaftig anwesend und garantierte die innere Bindung. Die Nähe zum Göttlichen immer neu herzustellen, sich damit auch von menschlicher Schuld zu befreien, war das Wesentliche jeder Opfertätigkeit. Der Bezug zur Transzendenz ist ein zentrales Bedürfnis des Menschen und fand in den Mythen auf der ganzen Welt seinen Niederschlag. Unserem Kulturraum stehen vor allem die Mythen der Ägypter, der Griechen und Etrusker, aber auch der Germanen und Kelten nahe.

Mythisches Denken bildet einen Gegensatz zu einem Denken, das von Vernunft geprägt ist. Bereits die alten Griechen betonten diese Tatsache, indem sie zwischen Mythos und Logos grundsätzlich unterschieden. Der Logos umfasste in ihrer Vorstellung das abstrakte Denken, das zur Entwicklung einer Theorie führt. Eine Theorie erwartet Akzeptanz oder Diskurs, das heißt, eine denkende, keine handelnde Auseinandersetzung. Jede Theorie bleibt jedoch letztlich immer hypothetisch. Sie kann erst durch die Erfahrung im konkreten Tun bestätigt oder verworfen werden.

Mythos heißt Erzählung, Rede, Wort und berichtet wertneutral im Sinne eines Narrativs ein Geschehnis, das im symbolischen Verstehen sinnstiftende kollektive Gültigkeit besitzt. Wir könnten in der Sprache der Funktionen C. G. Jungs den Mythos auf der irrationalen Ebene ansiedeln im Gegensatz zur rationalen Ebene von Denken und Fühlen.

Es sind Erzählungen, die Grunderfahrungen des Menschseins beleuchten. Sie entfernen sich von der Ebene der rationalen Prüfung und Bewertung in richtig oder falsch, angenehm oder unangenehm, vermitteln stattdessen das Erfahrene und immer neu Erfahrbare. Damit ist der Mythos unter archetypischem Gesichtspunkt zu sehen und zu verstehen. Die Geschichten spiegeln das, *was die Welt im Innersten zusammenhält* (Goethe, 1971).

Die Wahrheit des Mythos liegt im Erfassen, seiner gefühlten Verbindlichkeit. Dies wird am deutlichsten in der mythischen Erzählung von Ödipus, als er versuchte, das Rätsel der Sphinx zu lösen:

> *Vierfüßig, zwei- und dreifüßig ist es auf Erden, doch eine Stimme nur hat es, vertauscht seine Haltung allein von dem Wesen, die auf der Erde, zum Himmel und durch das Meer sich bewegen. Aber sobald es gestützt auf die meisten Füße einhergeht, ist die Geschwindigkeit seiner Glieder die allergeringste.*
>
> Sophokles: König Ödipus

Indem Ödipus sein rationales Denken einsetzte, verstand er zwar das Rätsel als Zeichen, nämlich dass es der Mensch sei, nicht aber als Symbol. Damit erriet er das Rätsel und verfehlte gleichzeitig seinen Sinngehalt. Dethlefsen hat den Unterschied zwischen denkendem Verstehen und mythischem Erkennen überzeugend herausgearbeitet.

Die introspektive, das eigene Menschsein betreffende Antwort wäre gewesen: Ich, Ödipus, bin als junger Mensch auf das Mütterliche bezogen. Meine Haltung als krabbelndes Kind hat den Sinn, mich in der Geborgenheit der Mutter Erde, als Symbol für den Halt gebenden positiven Mutteraspekt, sicher und geborgen zu fühlen. Am Mittag meines Lebens stehe ich auf zwei Beinen. Das bedeutet, als verantwortliches Ich die Polarität, die mit dem Leben zwangsläufig verbunden ist, anzuerkennen.

Der daraus resultierende Spannungskonflikt zwingt mich, Entscheidungen zu treffen und mich damit der Gefahr auszusetzen, schuldig zu werden. Meine Entwicklungsaufgabe ist es, am Abend meines Lebens die konflikthafte Polarität zu überwinden, indem

Gustave Moreau (1826-1898), Ödipus und die Sphinx, Metropolitan Museum of Art, New York (www.wikimedia.org)

ich Gelassenheit und Weisheit in einer über-
geordneten Schau erlangt habe und mich
damit der Transzendenz annähere.

Dieser Entwicklungsaspekt ist im christlichen Mythos mit dem göttlichen Auge auf der
Stirn, das von einem Dreieck umgeben ist,
symbolisiert. (Residenz in Nürnberg)

Mythen sind Erzählungen, die, in keiner bestimmten Zeit verortet, in ihrer Bildersprache
Zeit überdauernde Gültigkeit besitzen.

> *Ein Mythos berichtet Geschehnisse, die sich in*
> *prinzipio ereigneten, das heißt, ,zu Beginn', in*
> *einem uranfänglichen und zeitlosen Augen-*
> *blick innerhalb einer sakralen Zeit.*
> Eliade, 1998

Diese Zeit, so führt Eliade weiter aus, unterscheidet sich wesentlich von unserem pro-
fanen Zeitbegriff, der von einem Ablauf, der
nicht umkehrbar ist, charakterisiert wird.

Dies bestätigt erneut die „ewige" Gültigkeit
der Mythen. Im Erzählen oder Lesen ist es
möglich, diese *sakrale* Zeit immer neu zu ak-
tualisieren.

Indem Mythen bei allen Völkern auftauchen,
bilden sie die wesentlichen Erfahrungen der
Menschheit ab. Sie schließen in sich das Wissen um die Natur der Dinge, um den Sinn des
Seins und Tuns, um Entwicklungsaufgaben
und die Sehnsucht nach Transzendenz. Ge-
mäß ihres archetypischen Gehaltes muss man
sie immer in ihrer Polarität begreifen: Sie sind
Aussage und Widerspruch, Gewissheit und
Zweifel, umfassen Hohes und Niedriges, das
Gute wie das Schlechte. Sie sind der Spiegel des Menschlich-Allzumenschlichen und
gleichzeitig Ausdruck eines göttlichen Kerns,
so, wie es Goethe (Gedichte, 1827) beschreibt:

> *Wär nicht das Auge sonnenhaft,*
> *die Sonne könnt es nie erblicken;*
> *Läg nicht in uns des Gottes eigne Kraft,*
> *wie könnt uns Göttliches entzücken.*

Lange vor Goethe war dieses Wissen schon
bei den Ägyptern Gewissheit:

> *Was in Griechenland Mythos, ist in Ägypten*
> *sogar ein Ritual. Dort ist der Pharao von Na-*

> *tur aus sowohl menschlicher wie göttlicher We-*
> *sensart. In den Geburtskammern der ägypti-*
> *schen Tempel ist des Pharaos zweite, göttliche*
> *Empfängnis und Geburt an den Wänden dar-*
> *gestellt – er ist «zweimal geboren». Dies ist eine*
> *Vorstellung, welche die Grundlage aller Wie-*
> *dergeburtsmysterien darstellt, einschließlich*
> *derjenigen des Christentums.*
> Jung, GW 9/I, § 93

Die mythischen Bilder haben eine hohe Sym-
bolkraft, die aber oft schwer zu deuten ist.
Hierbei bestätigt sich, dass mythische Mittei-
lungen nicht rational, sondern erkennend ge-
deutet werden müssen. Andernfalls führen sie
in die Irre.

> *[...] die Anerkennung des inneren Wertes eines*
> *Symbols zu konstruktiver Wahrheit ist für das*
> *Leben hilfreich; es gibt Hoffnung und erwei-*
> *tert die Möglichkeit künftiger Entfaltung.*
> Jung, GW 4, § 679

Mythen bilden bei allen Völkern ähnliche Themen ab, die sich in der Dualität von Konflikt
und Lösung darstellen. Den Hintergrund bilden
Vorstellungen des Göttlichen, deren Struktur
und Gesetzmäßigkeit im menschlichen Erleben seine Entsprechung findet. Wenn es um
die Auseinandersetzung mit Macht und Ohn-
macht geht, begegnen wir in den unterschiedlichen Mythen einer ähnlichen Thematik, die
jedoch stark mit dem kollektiven Erleben verbunden ist.

So finden wir im griechischen Raum den
Kampf mit dem Stier in Abgrenzung oder Identifikation, wie der Hintergrund der Sage um
König Minos und den Minotaurus zeigt. Angesichts einer patriarchal strukturierten Gesell-
schaftsordnung war die Auseinandersetzung
mit dem überstarken Männlichen in Tiergestalt
Notwendigkeit.

Ganz anders im germanischen Raum, der
stärker von der matriarchalen Weltanschauung
geprägt war. Hier finden wir immer wieder den
Drachenkampf als ein Symbol für die Auseinandersetzung mit der weiblichen Dominanz.
Beispiele dafür finden sich im englischen Mythos von Beowulf und in der Sigurdsage. Die

Antoine-Louis Barye (1795-1875): Theseus und der Minotaurus, Los Angeles County Museum of Art (www.wikimedia.org)

Sehnsucht des mythisch fühlenden Menschen kreist als archetypisches Phänomen um Lösung und Erlösung.

Die alten griechischen Mysterienstätten, ebenso wie das Orakel von Delphi, müssen vor diesem Hintergrund als Vermittler mythischer Botschaften verstanden werden, die jedoch nur, wenn sie verstehend aufgenommen wurden, Hilfe in der Enträtselung der Welt und der Lösung von Konflikten versprachen. Bis heute bewahren sie viel von ihrem Geheimnis, denn der Verrat der mythischen Einweihung wurde mit dem Tod bestraft.

In Eleusis, der bekanntesten Einweihungsstätte, ging es um das Geheimnis von Wachsen und Werden, von Entwicklung und Vergänglichkeit, Halten und Loslassen in Gestalt des Mythos von Demeter und Kore. Damit verbunden war auch Verzweiflung wie Akzeptanz angesichts der Gesetzmäßigkeit des Lebens, das in einem ewigen Kreislauf Leben und Sterben umschließt. Die Trauer einer Fruchtbarkeitsgöttin, die gleichzeitig die Entwicklung zur Reife bei der Tochter als Sterben des Mädchens beweint, erlaubt die Nähe

zur Gottheit über das alles verbindende Mitgefühl.

Samotrake als zweite bedeutende Einweihungsstätte umschloss das Geheimnis der *Erdgeborenen*. Sie wurden als Naturgötter verstanden und als *Großmächtige*, aber auch als *Unbestimmbare* (kabirim) bezeichnet, woraus Herodot den Begriff der Kabiren ableitete. Sie konnten als Riesen und als Zwerge auftreten und erinnern an unsere Märchenfiguren. Auf der anderen Seite dominierte auf Samothrake auch konkret das männliche Prinzip, in Gestalt von Vater und Sohn verehrt. Es wurde jedoch das Weibliche nicht ausgeschlossen, vielmehr begleitet und beherrscht von der *Großen Göttin*. Wahrscheinlich waren damit die Erdkräfte gemeint, die, symbolisch verstanden, die heilenden Kräfte des Unbewussten meinten. Diese können jedoch nur in der Triangulierung wirksam werden, wiederum dem symbolisch zu verstehenden Dreiklang in Beziehungen zu anderen und zu sich selbst.

In der Wahrnehmung der positiven Seiten des mütterlichen Urgrundes müssen immer auch die zerstörerischen Mächte des mütterlichen Archetyps erkannt werden. So könnte das Geheimnis der Einweihungsstätte das Wissen um Ambivalenz in sich schließen, sowohl, was Objektbeziehungen als auch die Wahrnehmung der eigenen Persönlichkeit betrifft, die aus der Erde, als Symbol des Unbewussten, strömt und positiv bergende ebenso wie zerstörerische Kräfte in sich schließt. Die Gesetzmäßigkeit der Symbole, die immer über einen Plus- und einen Minuspol verfügen, wird mit dieser mythischen Botschaft unterstrichen.

In der dritten Mysterienstätte, in Ephesus, begegneten sich zwei scheinbar gegenläufige archetypische Gesetzmäßigkeiten. Dionysos, ein Gott, der wohl ursprünglich aus Innerasien kam und die Welt der Emotionen, der Triebe und des orgiastischen Erlebens symbolisierte, traf auf die hoch entwickelte Geistigkeit Ägyptens. Dies belegen ägyptische Tempelreste, die sowohl in Ephesus, als auch in Priene und Milet gefunden wurden. Vitale Diesseitsorientierung, Sinnenfreude aber auch die Tragik

Gustav Klimt (1862-1918): Altar des Dionysos (Detail), Burgtheater, Wien (www.wikimedia.org)

des Lebens wurden durch Dionysos vertreten. Die ägyptische Welt in ihrer Geistorientierung und Jenseitszugewandtheit repräsentierte den anderen Pol. Ihre Einstellung war, männliches und weibliches Prinzip gleichwertig zu sehen, von der Zusammengehörigkeit von Gott und Mensch zu wissen. Die Gewissheit zu sterben, um zu leben, traf auf die griechische Überzeugung, nur im aktuellen Leben, letztlich in Jugend und Schönheit den Sinn des Daseins zu finden. Tod bedeutete aus dieser Perspektive, ein graues Schattendasein zu führen und zu vergehen.

Delphi nahm im mythischen Erleben einen besonderen Platz ein. Die Antworten der Pythia, die den Bezug zum Götterwillen herstellten, schlossen in sich die Polarität von Lösung und Verwirrung, Eindeutigkeit und rätselhafter Vieldeutigkeit. Hier wurde sichtbar, dass die Botschaften nur über ein mythisches Bewusstsein entschlüsselt wurden, nicht aber über den denkenden Verstand. Im Versuch, eine rational nachvollziehbare Eindeutigkeit herzustellen, verfiel man dem einseitig Gedachten und erfasste den wahrhaftigen Gehalt nicht.

Das persönliche Schicksal im Geheimnis von Leben und Tod scheint dem weiblichen Prinzip als Erkenntnisweg näher zu liegen. Diese Überzeugung lebte in den Mythen um die griechischen Moiren, Chloto, Lachesis und Atropos ebenso wie in den drei Nornen der Germanen Urd, Sculd und Verdandi. Auch die römischen Parzen sind mythische Repräsentanten dieser Wahrheit. Hier bildet sich symbolisch das Wissen um die Endlichkeit des Lebens in der persönlichen Schicksalhaftigkeit ab. Der Lebensfaden beginnt, wird weiter gesponnen und schließlich abgeschnitten.

Ein weiterer wahrhaftiger Mythos umkreist das Geheimnis von Zerstückelung und Ganzwerdung. Im Dunkel das Licht zu erblicken, könnte als innerseelischer Auftrag hinter diesem mythischen Gedanken stehen:

Der ägyptische Gott Osiris galt als Repräsentant von Fruchtbarkeit. Er wurde von seinem neidischen Bruder Seth zerstückelt und im ganzen Land verteilt, sodass hiermit hinter dem grausamen Tun ein Leben verheißendes Prinzip aufleuchten kann. Als symbolisch zu verstehender Mythos sorgte damit der Wüstengott Seth ungewollt für Fruchtbarkeit als Garant für Leben.

Eine ähnliche Botschaft findet sich bei den Griechen. Der erste Dionysos, der *unterirdische, chtonische Gott* (Giebel 1993, S. 62), wurde im Auftrag der neidischen Göttin Hera zerstückelt. Die Göttermutter Rheia barg die Teile, setzte sie zusammen und schenkte so dem göttlichen Kind Dionysos das Leben. Über diese Neugeburt vollzieht sich das Versprechen auf Neuwerdung. Vor diesem Hintergrund ist verstädlich, dass dieser Mythos zentrales Thema vieler Initiationsriten ist.

Das Rätsel des Menschseins in seiner gefährlichen und gefährdeten Identität findet seinen Niederschlag einmal in dem ägyptischen Sphinx, der, männlichen Geschlechts, göttliche Herrschaftsaspekte symbolisierte. Die Sphinx der Griechen dagegen wird dem Weiblichen zugeordnet und vertritt den negativen Mutterarchetyp. Herrschen und Beherrscht-werden, Drohen und Bedrohtsein finden als urmenschliche Erfahrungen in diesen mythologischen Bildern ihre Entsprechung und machen das Wissen um die menschliche Natur in ihren Licht- und Schattenseiten transparent.

Das *göttliche Kind* scheint vor allem ein christlicher Mythos zu sein. Er findet jedoch seine Entsprechung bereits in Ägypten. Isis sammelte die Teile des zerstückelten Osiris und fügte sie zusammen. Nur der Phallus fehlte, denn er war bereits von einem Fisch verschluckt worden. Trotzdem entstand aus dieser nachtodlichen Vereinigung von Isis mit Osiris das göttliche Kind Horus.

Diese Hoffnung auf ein ewiges Leben, die durch das *göttliche Kind* symbolisiert wird, fand seinen Niederschlag in der Religion der Etrusker: Tales, ein Kind mit dem Aussehen eines Greises, tauchte aus den Ackerfurchen auf und lehrte die Menschen die Gesetze des Lebens (vgl. *Der 12-jährige Jesus im Tempel*).

Im engen Zusammenhang damit stand auch ihre Überzeugung, dass der leibliche Tod nicht wirklich ein Ende bedeutet, sondern - ähnlich wie bei den Ägyptern - Sterben der Beginn eines neuen Lebens ist. Die wunderbaren farbig ausgestalteten Gräber vor allem in Tarquinia einerseits, in Luxor andererseits, unterstreichen den gefühlten Einklang von Leben und Tod in einer ewigen natürlich-kreatürlichen Metamorphose.

So können Mythen bis heute wegweisend sein, den Sinn des Daseins zu erahnen und damit innerseelische Kräfte zu stärken, um den zunehmenden Ängsten und Depressionen unserer Zeit eine positive Gewissheit entgegenzustellen.

Literatur

Bubenheimer, E. u. F. (2014): Die Etrusker. Mainz/Darmstadt: Philipp von Zabern
Detlhlefsen, Th. (1990): Ödipus, der Rätsellöser. München: Bertelsmann
Eliade, M. (1998): Ewige Bilder und Sinnbilder. Frankfurt/Leipzig: Insel
Giebel, M. (1993): Das Geheimnis der Mysterien. München: dtv
Goethe, J. W. von (1992): Gedichte. Frankfurt: Insel
Graf, F. (2012): Griechische Mythologie. Mannheim: Albatros
Lutz, C. (2010): Mythen machen Kinder mutig. Stuttgart: opus magnum
Lutz, C. (2016): Mythen und Märchen in der psychodynamischen Therapie von Kindern und Jugendlichen. Stuttgart: Kohlhammer
Otto, W. F. (1962): Mythos und Welt. Stuttgart: Klett Cotta
Pohlke, H. u. R. (1012): Im Labyrinth des Minotauros. Düsseldorf: Patmos
Remmler, Helmut (1988): Das Geheimnis der Sphinx. Olten/Freiburg: Walter
Steingräber, St. (2006): Etruskische Wandmalerei. München: Schirmer Mosel
Teichmann, F.: Die griechischen Mysterien. Stuttgart: Freies Geistesleben.

Christiane Lutz
Analytische Kinder- und Jugendlichenpsychotherapeutin in freier Praxis, Dozentin und Supervisorin am C. G. Jung-Institut Stuttgart, zahlreiche Veröffentlichungen.

Hermes-Mercurius –

Trickreicher Götterbote, Seelenführer und zentrale Symbolgestalt des medialen Zeitalters

Lutz Müller

Der Zweck heiligt die Mittel - dies könnte ein Leitspruch der mythologischen Symbolgestalt des Hermes-Mercurius sein. Zwar haben auch viele andere Gestalten des Olymp, allen voran Göttervater Zeus, durchaus ihre höchst ambivalenten Schattenseiten. Aber in keiner anderen mythologischen Figur ist die für unser alltägliches Leben offenbar unentwirrbare Beziehung zwischen Täuschung und Wirklichkeit, Lüge und Wahrheit, Gut und Böse prägnanter dargestellt. Deshalb wollen wir hier seinen flüchtigen Spuren ein wenig zu folgen suchen.

Hermes als – natürlich – heimlich gezeugter Sohn der Nymphe Maia und des Zeus war gleich nach seiner Geburt erfindungsreich tätig. Aus einer Schildkröte fertigte er eine Leier, in seiner ersten Nacht stahl er einige Rinder des Apollon, ließ die Rinder rückwärts laufen und verwischte seine Spuren, um nicht entdeckt zu werden. Von Apollon und Zeus zur Rede gestellt, log er mit allen ihm zur Verfügung stehenden Mitteln und stellte sich als kleines, hilfloses Kind in Windeln dar, der doch zu solchen Taten niemals in der Lage gewesen sein konnte – als ob gerade Kinder nicht auch hinterlistige, triebhafte, egoistische Seiten hätten.

Er scheint aber auch freundliche, humorvolle Seiten gehabt zu haben, so dass Zeus und Apollon ihm seine Tricksereien verzeihen und ihn sogar zum Boten der Götter machen, wohl wissend, dass seine „unmoralischen" Charakterstrukturen gerade richtig für einen solchen Job sind. Wenn Hermes den Menschen seine Botschaften überbrachte, formulierte er sie wohl auch so, dass die Botschaft verständlich

Mit Flügelschuhen, Flügelhelm und seinem Zauber- und Botenstab „Caduceus" ausgestattet, findet sich Hermes-Mercurius in der Sonne goldglänzend auf einem alten Wasserturm in Stuttgarts Innenstadt (Merkur von Ludwig Hofer nach Giovanni Bologna). Nicht weit dahinter, auf dem Bahnhofsgebäude, dreht sich der Mercedes-Stern, *Dein guter Stern auf allen Straßen.* Ob den Stuttgartern bewusst ist, was sie damit alles über ihren merkantilen Charakter zum Ausdruck bringen? (wikimedia.com)

war und die Menschen daraus Wissen und Einsicht erlangen konnten. Die Hermeneutik, d.h. die Wissenschaft vom Erklären und Verstehen, ist deshalb nach ihm benannt. Hier berührt sich Hermes mit dem ägyptischen Thot, der u.a. als Gott des Mondes, der Wissenschaften, der Magie, der Weisheit gesehen wurde.

Apollon und Zeus schenken Hermes den Zauber- und Botenstab, den *Caduceus*, der mit zwei im Widerstreit stehenden Schlangen umwunden ist. Auch dieser machtvolle Stab, der eine traum- und tranceinduzierende Wirkung hat, weist auf den doppelten, polar-paradoxen Charakter des Hermes hin.

Hermes ist also der Nachrichtenübermittler und Grenzüberschreiter par excel-

Hermes-Mercurius auf der Uhr vor dem Central Station in New York, begleitet von Zeus als Adler und Herkules und Atheme (wikimedia.com). New-York, Hauptbahnhof: Man hätte kaum einen besseren Ort für ihn finden können hier in dieser pulsierenden Stadt.

lence. Er bewegt sich mit mehr als Lichtgeschwindigkeit zwischen Tag und Nacht, Götterwelt und Menschenwelt, Menschenwelt und Unterwelt.

Er ist der Herr der Wege und Kreuzungen, der Gott der Menschen, die unterwegs auf geraden, krummen und verschlungenen Pfaden sind: Reisende, Boten, Diplomaten, Vermittler, Diener, „Mediatoren", Kommunikatoren, Anwälte, Psychologen, Händler, Dienstleister, Wanderer, fahrendes Volk, Gaukler, Schauspieler, Narren, Abenteurer, Agenten, Diebe und Betrüger. Ihnen allen gemeinsam ist eine gewisse grenzgängerische, grenzüberschreitende und lebenspraktische Einstellung.

Hermes-Mercurius hat die Fähigkeiten, die bei einem solch dynamischen und abwechslungsreichen Lebensstil erforderlich sind: Höfliche, freundliche Umgangsformen, diplomatische Gewitztheit, Kenntnis der menschlichen Stärken, Schwächen und Neigungen, Einfühlungsfähigkeit. Er beherrscht die Kunst der Manipulation, Verführung, Täuschung und des Opportunismus, verfügt über geheimes, verborgenes („hermetisches") Wissen, flüssige Intelligenz, geistige und sonstige Beweglichkeit, Gewandtheit, Spontanität sowie die grundlegende Fähigkeit, in der Mitte zwischen den Gegensätzen, in einer gewissen Distanz zu bleiben. Er ist Meister des Polar-Paradoxen.

Darüber hinaus hat er auch ausgeprägte triebhafte sexuelle Seiten, auf manchen Darstellungen wird er phallisch dargestellt. In einer überlieferten Version ist Pan, der Gott der Hirten, des Waldes und der Natur, sein Sohn. Pan wiederum ist eine Vorform der christlichen Darstellung des Teufels. Mit Aphrodite zeugt Hermes den „Hermaphroditos", der sowohl männliche als auch weibliche körperliche Merkmale aufweist. In der Alchemie wird die Anfangs- und Endgestalt oft auch androgyn, doppelgeschlechtlich dargestellt.

Innerhalb einer engeren konventionellen Moral und Ethik mögen die geschilderten Eigenschaften des Hermes problematisch und unmoralisch erscheinen, aber auf dem Felde der zwischenmenschlichen Interaktionen scheinen sie unentbehrlich.

Hermes ist insgesamt eher eine menschenfreundliche Gestalt und oft schenkt er seinen Schützlingen eine Waffe oder ein magisches Hilfsmittel. Der griechische Held Perseus, der die Aufgabe übernommen hat, die schlangenköpige Medusa zu enthaupten und Andromeda zu befreien, wird von Athene und Hermes beraten.

Auch alle Menschen, die sich auf dem Wege zu sich selbst befinden, bedürfen ihres inneren Hermes. Er ist nämlich auch der Seelenführer, der Psychopompos (vgl. Kerenyi 1943), der schützende und dienende Begleiter auf dem inneren Weg, der den Suchenden in unbewusstes Neuland zu (ver-)führen vermag, ihn aber auch vor Gefahren, Verlockungen und Fallstricken schützt.

Der richtige Weg zur Ganzheit aber besteht - leider - aus schicksalsmäßigen Um und Irrwegen. Es ist eine «longissima via», nicht eine gerade, sondern eine gegensatzverbindend Schlangenlinie, an den wegweisenden caduceus erinnernd, ein Pfad, dessen labyrinthische Verschlungenheit des Schreckens nicht entbehrt. Auf diesem Wege kommen jene Erfahrungen zustande, die man als «schwer zugänglich» zu bezeichnen beliebt. Ihre Unzugänglichkeit beruht darauf, daß sie kostspielig sind: sie fordern das, was man am meisten fürchtet, nämlich die Ganzheit, die man zwar beständig im Munde führt, und mit der sich endlos theoretisieren läßt, die man aber in der Wirklichkeit des Lebens im größten Bogen umgeht.

Jung, GW 12, § 6

Im therapeutischen wie auch im Individuationsprozess bedarf es nicht nur eines geradlinigen Sonnen- und Tagesbewusstseins, sondern auch eines mercurialen Un- und Nacht-Bewusstseins, das in der Lage ist, sich auf der Odyssee in die dunklen Innenbereiche der Seele, ihren Fantasien, Träumen, Symbolen, Hoffnungen, Wünschen, Sehnsüchten, ihren Heimlich- und Unheimlichkeiten, Geheimnissen, Tarnungen und Selbsttäuschungen zu orientieren.

Hermes-Mercurius im alchemistischen Individuationsprozess

Die Psychologie C. G. Jungs ließe sich in vieler Hinsicht als eine hermetisch-mercuriale Psychologie bezeichnen. So scheinen die zentralen theoretischen Grundpositionen, wie z. B. die der Polarität des Psychischen, die Bedeutsamkeit des Symbolischen, der transzendenten Funktion und des Unbewussten, die schöpferische Wandlungsstrebigkeit der Seele, die Gegensatzvereinigung und die hermaphroditische Ganzheit der Psychologie des Hermes entnommen.

Am eindrücklichsten begegnet uns Hermes in Jungs Alterswerk, in seiner Auseinandersetzung mit der Alchemie. Jung war der Auffassung, dass die Bilder, Symbole und Prozeduren der Alchemisten ein unbewusster, in die Materie hinein projizierter Ausdruck der Suche nach Selbstfindung waren, und er bemühte sich unablässig, die Parallelen des alchemistischen Vorganges zum kreativen Wandlungs- und Bewusstwerdungsprozess im Menschen aufzuzeigen.

Dem Leser, der sich diesen späten Werken Jungs nähert, werden sie oft so dunkel, unverständlich, widersprüchlich, „okkult" vorkommen wie die alchemistischen Werke selbst. Das ist nicht verwunderlich, denn im Zentrum der alchemistischen Betrachtungen steht die Figur des schillernden, ungreifbaren, paradoxen Hermes-Mercurius, die für eine moralische Einstellung und einen rationalen Verstand schwer akzeptabel ist.

Die Alchemisten waren fasziniert und getrieben von der Idee der Wandlung eines unedlen, chaotischen Ausgangsstoffes in seine höchste und feinste, heilbringende Form: dem philosophischen Stein der Weisen, der *quinta essentia.* Aber sie wussten nur recht dämmerhaft – wenn überhaupt – was sie taten bzw. es war ihnen nicht möglich, zu erkennen, dass es oft auch ihre eigene Bewusstseinsstruktur und ihr fehlendes Wissen waren, weshalb sie die gewünschten Wandlungen nicht erreichen konnten.

Sie projizierten diese Schwierigkeiten in ihren Prozessen auf eine Wandlungssubstanz, den Mercurius, *diesen treulosen und allzu flüchtigen arkadischen Jüngling* (Jung, GW 13, § 278), diesen *servus fugitivus* (flüchtiger Sklave) oder *cervus fugitivus*, (flüchtiger Hirsch) (Jung, GW 13, § 259). Er war für sie der *evasive* (ausweichende) Mercurius in ihrem Wandlungsgefäß, der Retorte, den sie nicht kontrollieren, nicht festzuhalten und einem endgültigen Wandlungsprozess auszusetzen vermochten.

So suchten sie die Ursache für die Flüchtigkeit des Mercurius in äußeren Umständen, z. B. in der undichten, nicht hermetisch verschlossenen Apparatur. Die Gefährlichkeit ihrer Versuche schoben sie diesem Mercurius

wahrheit und lüge

ebenfalls zu, indem sie ihm eine solche Besessenheit und Frechheit nachsagten, dass die, welche ihn erforschen wollten, aus Unwissenheit dem Wahnsinn verfielen (vgl. Jung, GW 13, § 251).

Mercurius steht hier offenbar für all das, was dem Denken und dem bewussten Bemühen paradox und unverständlich erscheint und schwer oder gar nicht kontrollierbar ist. Psychisch verstanden tritt er überall da auf den Plan, wo eine Begegnung mit dem schöpferischen Unbewussten, mit dem SELBST und der damit eigentümlich verbundenen Einheitswirklichkeit stattfindet.

Diese Einheitswirklichkeit, die der tragende Hintergrund unseres Bewusstseins ist, scheint mercurial zu sein, insofern sie Gegensatzpaare, die unserem Bewusstsein unvereinbar erscheinen, in sich vereint: Wahrheit und Täuschung, Weisheit und Dummheit, Freude und Leid, Heiliges und Profanes, Göttliches und Teuflisches usw.

Hermes-Mercurius steht für die schöpferische Dynamik und Ganzheit des Selbst, welches eine *absolute Paradoxie* ist, *indem es in jeder Beziehung Thesis und Antithesis und zugleich Synthesis darstellt.* (Jung, GW 12, § 22)

Wie in der obigen Abbildung ist die Ausgangssubstanz, der Löwe, eine archaische Vorform des Mercurius, denn das Endergebnis ist wieder der Hermes-Mercurius. Und, um das Ganze noch komplizierter zu machen: Er ist einerseits die Wandlungssubstanz selber und zugleich auch der den Wandlungsvorgang befördernde Katalysator. Er ist Anfang, Mitte und Ende und wird auch als Mediator, Servator und Salvator (Mittler, Heiler, Erlöser) bezeichnet.

Dieses Etwas ist uns fremd und doch so nah, ganz uns selber und uns doch unerkennbar, ein virtueller Mittelpunkt von solch geheimnisvoller Konstitution, daß es alles fordern kann, Verwandtschaft mit Tieren und mit Göttern, mit Kristallen und mit Sternen, ohne uns in Verwunderung zu setzen, ja ohne unsere Mißbilligung zu erregen [...]

Ich habe diesen Mittelpunkt als das Selbst bezeichnet. [...]

Die Anfänge unseres ganzen seelischen Lebens scheinen unentwirrbar aus diesem Punkte zu entspringen und alle höchsten, letzten Ziele scheinen auf ihn zuzulaufen. Dieses Parado-xon ist unausweichlich, wie immer, wenn wir etwas zu kennzeichnen versuchen, was jenseits des Vermögens unseres Verstandes liegt.

Jung, GW 7, § 398 f.

Unser Bewusstseinssystem fordert Eindeutigkeit, Klarheit, Logik, Ordnung, „Objektivität", Systematik etc. Es basiert auf Unterscheidung, Zergliederung, Isolierung, und es muss immer dann scheitern, wenn es auf die hochkomplexe Wirklichkeit der Ganzheit der Psyche trifft, die eben nicht eindeutig, klar, logisch und geordnet, sondern vieldeutig, widersprüchlich, subjektiv, irrational und paradox ist.

Überall dort, wo das Mercuriale erscheint, begegnen wir einer chaotischen und dynamischen „Wirklichkeit", die sich dem festhaltenden und objektivierenden Zugriff sofort wieder entzieht. Das Mercuriale wird immer an der dünnsten, schwächsten, unbewusstesten Stelle unserer Persönlichkeit wirksam, und vermag das Bewusstseinssystem aus seiner Einseitigkeit zu befreien, es zu entspannen und zu erweitern oder aber, wenn es zu labil ist, mit der Gefahr der Auflösung zu bedrohen. In der Folge heißt das auch: Überall da, wo

Hermes-Mercurius als die Gegensätze vereinigendes Symbol (Valentinus, Duo-decim claves, 1678) steht hier wie ein Offenbarungsgott in der Mitte zwischen den sich feindlich gegenüberstehenden bzw. sich bekämpfenden Gegensätzen, die durch Sonne und Mond und die beiden Personen symbolisiert werden. Die Schlange versinnbildlicht das erdhafte, körperliche Prinzip, das erhöht werden muss, und der Adler das luftige, geistige Prinzip, das erniedrigt werden muss, damit es zu einer schöpferischen Verbindung zwischen ihnen kommen kann. Hermes repräsentiert die durch diese Gegensatzvereinigung ermöglichte Erfahrung der Einheit und Ganzheit des Selbst.

    Mit seinem Zauberstab, dem *Caduceus*, den man psychologisch auch als ein Symbol für die *transzendente Funktion*, die Fähigkeit der Seele, die verschiedensten Bewusstseinsebenen miteinander zu verbinden, auffassen kann, schläfert Hermes uns ein und schickt uns Assoziationen, Fantasien, Träume und Symbole. Sicherlich sind das nicht nur erleuchtende Träume, sondern vermutlich auch solche, in denen wir in der Dunkelheit herumirren und nach klärendem Licht suchen.

es um Grenzzustände geht, um Schwellensituationen und um Systeme, die an ihre Grenzen gekommen sind, ist der Archetyp des Hermes konstelliert, der dann einerseits Verwirrung, Desorientierung, Unsicherheit und Angst, aber auch Kreativität und befreiendes Lachen stiftet.

In Zeiten gesellschaftlichen Umbruchs scheinen sich mercuriale Manifestationen zu häufen. Die Narren, Clowns, Komödianten, Zauberer, Entertainer, Kabarettisten, Satiriker, Outlaws und Freeks erwecken zunehmendes Interesse, alternatives Leben wird gesucht und erprobt, Gegensätzlichstes steht schroff nebeneinander. Scheinbar wird alles möglich, kurzum: Die Welt dreht durch, wird chaotisch und ver-rückt.

Hermes-Mercurius und die virtuellen Informations- und Kommunikationsmedien

Als wäre sein Einfluss- und Machtbereich nicht schon mehr als groß genug – Reisen, Handel, Verkehr, Psychologie – so hat Hermes in den letzten zwanzig Jahren ein Tätigkeitsfeld gefunden, das seine weltumspannenden, globalen Fähigkeiten ins Gigantische erweitert: die elektronische Kommunikation, das Internet, die digitalen *social media* und die virtuellen Realitäten. Befreit von allen materiellen und moralischen Einschränkungen kann er sich nun fast grenzenlos ausdehnen.

Das Wissen der Welt macht er zugänglich, kreative Fantasien stößt er an, Freiheit und Selbstverwirklichung fördert er, und in gleichem Maße scheint er stressige Reizüberflutung, Abhängigkeit und Sucht, Orientierungslosigkeit und ein absolutes Chaos der Werte mit

C. G. Jung fasst zusammen:

a) Mercurius besteht aus allen erdenklichen Gegensätzen. Er ist also eine ausgesprochene Zweiheit, die aber stets als Einheit benannt wird, wennschon ihre vielen inneren Gegensätzlichkeiten in ebenso viele verschiedene und anscheinend selbständige Figuren dramatisch auseinandertreten können.

b) Er ist physisch und geistig.

c) Er ist der Prozeß der Wandlung des Unteren, Physischen in das Obere, Geistige, und vice versa.

d) Er ist der Teufel, ein wegweisender Heiland, ein evasiver «trickster» und die Gottheit, wie sie sich in der mütterlichen Natur abbildet.

e) Er ist das Spiegelbild eines mit dem opus alchymicum koinzidenten mystischen Erlebnisses des artifex.

f) Als dieses Erlebnis stellt er einerseits das Selbst, andererseits den Individuationsprozeß und, vermöge der Grenzenlosigkeit seiner Bestimmungen, auch das kollektive Unbewußte dar.

Jung, GW 13, § 284

Mercurius, der zweideutige Gott, kommt als lumen naturae (Licht der Natur), als servator (Diener) und salvator (Erlöser) nur jenem Verstande zu Hilfe, welcher sich nach dem höchsten Lichte, das die Menschheit je empfangen, ausrichtet und sich nicht, dessen uneingedenk, seiner cognitio vespertma („dämmrige Erkenntnis", rationales versus ganzheitliches Denken, Anm. d. Verf.) ausschließlich anvertraut. Dann nämlich wird das lumen naturae zu einem gefährlichen Irrlicht, und der Psychopompos zum diabolischen Verführer. Luzifer, der das Licht bringen könnte, wird zum Geist der Lüge, welcher in unserer Zeit die unerhörtesten Orgien, unterstützt von Presse und Radio, feiert und ungezählte Millionen ins Verderben stürzt.

Jung, GW 13, § 303

sich zu bringen. Für die Einen trägt er mit seinen überflutenden Informationen zur Selbstentfremdung der Menschen, zu ihrer geistigen Abstumpfung und „digitalen Verblödung" bei, für die Anderen ist er ein Hoffnungs- und Zukunftsträger, er bringt die größte Wissens- und Kulturrevolution mit sich, die sich jemals ereignet hat und zu einem weltumspannenden und auch kosmischen Bewusstsein führt.

Was können wir tun?

Es ist vermutlich noch viel zu früh, um Segen und Fluch dieser Entwicklung einigermaßen bewerten zu können, zu stark ist der Neuheitseffekt mit all den Extremen, die mit Innovationen häufig verbunden sind.

Wir werden sie weder aufhalten noch eindämmen können. Alles, was in diesem Bereich machbar und denkbar ist, wird sich vermutlich über Kurz oder Lang manifestieren. Zu groß scheint die Faszination und die schöpferisch-destruktive Fantasie von Milliarden vernetzten Gehirnen, die in ihrer Gesamtheit das kollektive Bewusste wie das kollektive Unbewusste spiegeln.

Wie können wir uns darauf einstellen? Wir könnten und müssten

• uns mit der Dynamik von Polarität und Paradoxität, dem „mysterium coniunctionis", der geheimnisvollen, schwer verstehbaren Vereinigung und Einheit der Gegensätze in allen psychischen Prozessen vertraut machen.

• die doppeldeutige, Täuschung und Wahrheit verbindende Natur des Mercurialen in Poli-

Die Abbildung zeigt den legendären *Hermes-Trismegistos*, Hermes, den Dreimalgroßen, der das Wissen der drei Welten besitzt. Er ist der Ahnvater der *hermetischen* Wissenschaften und zeigt, dass Makrokosmos und Mikrokosmos (*Wie oben, so unten*) sich entsprechen und dass es für das große Meisterwerk, das *opus magnum*, erforderlich ist, die Gegensätze und Polaritäten der Psyche – z. B. Bewusstes und Unbewusstes, Geistiges und Materielles, Spirituelles und Weltliches, Konkretes und Symbolisches – hier dargestellt im Polaritätspaar Sonne und Mond – in einem feurig-heißen, integrativen Prozess zu vereinen.

tik, Wirtschaft, Werbung, Medien, Psychologie und Psychotherapie usw. intensiv studieren, nicht, um zu verurteilen, sondern um besser zu verstehen, wo sie hilfreich und notwendig ist und wo sie sich eher schädlich auswirkt.

• ehrlich beobachten, wo wir selber den Verlockungen der Werbung, dem schönen Schein, dem Reiz des Unbekannten und Neuen, den fantasievollen Geschichten, die uns die Zeitschriften und das Fernsehen vermitteln, folgen, wo wir uns an ihnen erfreuen, sie genießen, wo sie unserem Leben Intensität und Sinn schenken und wir ihnen vielleicht auch schon süchtig verfallen sind.

• unsere eigenen heimlichen Gedanken, Schleichpfade, Abwehr- und Tarnungsmechanismen kennenlernen und mit unseren Lügen zumindestens vor uns selbst ehrlich (so gut es eben möglich ist) umgehen. Indem wir sie bei uns erkennen, können wir sie auch bei anderen Menschen besser durchschauen.

• für wahrscheinlich halten, dass hinter vielen ehrlichen und aufrichtigen Bezeugungen auch immer eine andere, weitere, nicht so edle Absicht steht, dass auch sehr altruistische Einstellungen und Verhaltensweisen einen heimlichen egoistischen und berechnenden Aspekt haben können.

• vorsichtig, kritisch, ein wenig misstrauisch sein, niemandem glauben – auch uns selbst nicht – der behauptet, er wisse oder sage die Wahrheit.

• Einsicht in die komplexe, widersprüchliche Natur des Menschen gewinnen und Mitgefühl, Weisheit und Humor für diese tragikomische Situation entwickeln.

Literatur
Kerenyi, K. (1943): Hermes der Seelenführer. In: Eranos Jahrbuch, 1942, Band IX: 9-107
Radin, P., Kerényi, K., Jung, C. G. (1954): Der göttliche Schelm. Zürich: Rhein-Verlag
Lopez-Pedraza, R. (1983): Hermes oder die Schule des Schwindeins. Schweizer Spiegel Verlag
Otto, W. F. (1929): Die Götter Griechenlands. Das Bild des Göttlichen im Spiegel des griechischen Geistes, Bonn 1929.

Lutz Müller, Stuttgart, Prof. Dr. phil., Dipl.-Psych. Psychologischer Psychotherapeut und Verfasser zahlreicher Publikationen.

Konstruktive Eigenschaften des Hermes-Mercurius	Destruktive Eigenschaften des Hermes-Mercurius
Herr der Wege und Kreuzungen	Desorientierung, Verirrung im Labyrinth der vielen Wege und Möglichkeiten
Vermittlungs- und Kommunikationsfähigkeit, leichter Informationsfluss	Paradoxe Kommunikation, Lüge, „babylonische Sprachverwirrung"
Hermeneutik: vermittelt Sinn, Bedeutung	Vermittelt Un-Sinn, beliebige, falsche, doppelte, widersprüchliche Bedeutungen, „Alternative Fakten"
Beweglichkeit, Schnelligkeit, Wendigkeit schöpferische Neugier, Anpassungsfähigkeit	Realitäts- und Verantwortlichkeitsflucht, Unverbindlichkeit, Oberflächlichkeit; fehlende Erdung und Realisierung
Offenheit und Lernbereitschaft	Identitätsverlust, fehlender eigener Standpunkt
Grenzüberschreitung, Überwindung von Grenzen zwischen verschiedenen Bewusstseinszuständen, zwischen Bewusstem und Unbewusstem, transzendente Funktion	Realitätsverlust durch Verwechslung und Vermischung verschiedener Bewusstseinszustände, Borderline-Zustände, Wahn, Psychosen
Moralische Freiheit und Offenheit	Moralische Unbestimmtheit, der „Zweck heiligt die Mittel", Opportunismus, Manipulation, Täuschung, Diebstahl
Schöpferische Fülle und Ganzheitstendenzen	Chaotisierende, desorientierende, „verrückt" machende Wirkungen
Der „magische Wirkungsfaktor", Placebo, Heilkraft von Hoffnung und Glaube	Neigung zu Vorurteil, Aberglauben, Magie
„Psychopompos" / Seelenführer im Individuationsprozess	Verführer in magisches Fantasie- und Wunderdenken, Inflation

Trickster an den Grenzen der Welt

Der Mythos des Utgardloki

Hilmar Schmiedl-Neuburg

I. Einleitung

Schein und Sein, Existenz und Transzendenz sind seit je zentrale Themen menschlicher Selbstverständigung und schon in der Mythologie erhalten sie vielfachen Ausdruck. Ein eindrückliches Beispiel hierfür gibt uns der Mythos vom Utgardloki im Buch Gylfaginning (Gylfis Täuschung) der altnordischen Prosa-Edda (Kap. 44-47, ca. 1220 n. Chr.), deren Deutung dieser Aufsatz zu unternehmen versucht. Der Mythos des Utgardloki, dessen narrative Struktur durch die Reise des Gottes Thor zur Burg des Utgardloki, des Herrn der Außenwelt, und seinen Erlebnissen dort bestimmt ist, hat die klassische Form einer mythischen Heldenreise. Anders als in den meisten Heldenreisen erzählt dieser Mythos aber eine Geschichte des Scheiterns, denn Thor und seine Begleiter werden vom Utgardloki in verschiedene Grenzsituationen gebracht und so mit den Grenzen der menschlichen Existenz und den Grenzen der Welt konfrontiert. Im Spiel von Sein und Schein der Tricksterfigur des Utgardloki zeigt sich dieser Mythos als eine tiefe Kontemplation des Daseins.

Im Folgenden werden wir uns diesem Mythos in zwei Schritten nähern. Zuerst wird eine kurze Wiedererzählung des Mythos versuchen, die zentralen Strukturen und Ereignisse des Mythos deutlich zu machen. Im Anschluss wird dann der Versuch einer Deutung dieses Mythos unternommen.

II. Der Mythos des Utgardloki im Gylfaginning

Der Gott Thor begab sich einst zusammen mit dem Gott Loki auf eine Reise nach Utgard,

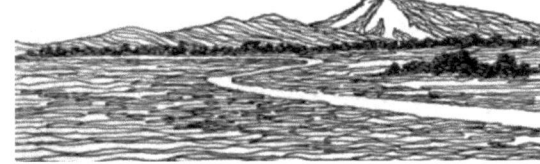

Thor und Loki im Streitwagen (www.wikimedia.org)

der Außenwelt. Auf dem Weg übernachten die Götter bei einem Bauernpaar und Thor opfert zum Nachtmahl die Ziegenböcke, welche seinen Streitwagen ziehen. Das Bauernpaar weist er an, nach dem Mahl die Knochen der Ziegenböcke auf deren Felle zu werfen. Während des Mahles zerbricht Thialfi, der Sohn der

Bauern, einen der Oberschenkelknochen, um dessen Mark zu trinken. Am nächsten Morgen erweckt Thor seine Ziegenböcke wieder zum Leben, entdeckt aber, dass einer der Ziegenböcke auf einem Bein lahmt. Nach Thialfis Eingeständnis, dass er den Knochen zerbrach, müssen er und seine Schwester Röskva als Ausgleich Thor und Loki als Diener auf ihrer Reise begleiten.

Nach einer langen Seereise gen Utgard und einer ebenso langen Wanderschaft durch einen tiefen Wald machen die Wanderer eines Nachts halt und suchen Unterschlupf in einer Höhle. Während der Nacht erzittert die Erde und aus Angst vor einem Erbeben ziehen sie sich noch weiter in eine der tieferen, kleinen Grotten der Höhle zurück. Thor beschließt jedoch der Ursache des Bebens auf den Grund zu gehen, verlässt die Höhle und

Elmer Boyd Smith: „Ich bin der Riese Skrymir". Im Vordergrund die Gefährten (www.wikimedia.org)

findet draußen einen schlafenden Riesen, dessen Schnarchen die Erde erbeben lässt. Als der Riese erwacht, stellt er sich den Wanderern als Skrýmir vor und bietet an, gemeinsam mit ihnen weiterzureisen. Vor der Weiterfahrt sieht er sich jedoch nach seinem Handschuh um und es zeigt sich, dass die Höhle, in der die Wanderer übernachteten, in Wirklichkeit der verlegte Handschuh Skrýmirs war. Der Riese erklärt sich bereit, die Vorräte der Wanderer zusammen mit den seinen in seinem Vorratsbeutel zu tragen. Nach einer weiteren Tagesreise schlägt man wieder ein Nachtlager auf und Skrýmir legt sich zum Schlafen nieder. Die Wanderer haben nun Hunger und versuchen den Vorratsbeutel Skrýmirs zu öffnen, was jedoch immer wieder misslingt. Voll Zorn schlägt Thor daraufhin auf den Schädel Skrýmirs ein, doch Skrýmir erwacht und fragt, ob ein kleines Blatt ihm auf den Kopf gefallen sei, und schläft wieder ein. Weitere zwei Male schlägt Thor stärker und stärker zu, doch jedes Mal erwacht Skrýmir unverletzt und fragend, ob ein Blatt oder eine Nuss auf ihn gefallen sei. Am nächsten Tag scheiden sich die Wege der Wanderer, während Skrýmir nach Norden aufbricht, gehen Thor, Loki, Thialfi und Röskva weiter nach Osten.

Schließlich erreichen die Gefährten eine große Ebene, in der eine gewaltige Burg sich erhebt. Die Dächer der Burg erstrecken sich soweit zum Himmel, dass die Wanderer ihre Köpfe in ihre Nacken legen müssen, um einen Blick auf die Dächer der Burg zu erheischen. Als sie sich zum Tor begeben, ist dieses verschlossen und die Gefährten müssen sich durch einige Gitterstäbe zwängen, um in die Burg hineinzugeraten. In der Burg angelangt, kommen Thor und seine Begleiter in einen gewaltigen Saal, in dem ein Festmahl stattfindet und werden vom Utgardloki, dem Herrn der Burg, mit Herablassung begrüßt. Nur der solle an dem Festmahl teilnehmen und die Gastfreundschaft des Utgardloki genießen, der über Fähigkeiten verfüge, die weit über das Menschliche hinausgingen und auch bereit sei, diese Fähigkeiten in Wettkämpfen zu beweisen.

Daraufhin erklärt Loki sich bereit, als Erster einen Wettkampf auszufechten, und wählt als Wettkampfart das Wettessen. Ein großer, langer Trog, gefüllt mit Fleisch, wird in den Saal getragen, an dessen einem Ende Loki und an dem anderen der Riese Logi Platz nimmt. In kürzester Zeit vertilgt Loki die Hälfte des Fleisches, doch in der gleichen Zeit hat Logi nicht nur die andere Hälfte des Fleisches, sondern auch die Knochen und den Trog verschlungen. Nach Lokis Niederlage erklärt Thialfi sich zu einem zweiten Wettkampf im Wettlauf bereit, doch Thialfi, der schneller zu laufen vermag als jeder andere Mensch, unterliegt, obwohl er sich immer weiter steigert, in drei Wettläufen Hugi, dem Läufer des Utgardloki, der ihn stets weit hinter sich lässt.

Nach Thialfis Niederlage wendet sich der Utgardloki an Thor und stellt ihm eine erste Aufgabe. Thor solle ein Trinkhorn leeren, das normalerweise mit einem Zug, aber höchstens mit drei Zügen geleert werden könne. Thor erscheint das Horn klein, wenn auch etwas lang, und erwartet, es in einem Zug auszutrinken. Nach dem ersten Zug scheint das Trinkhorn fast noch ebenso voll zu sein wie zuvor und auch in zwei weiteren, immer mächtigeren Zügen gelingt es dem Gott nicht, das Horn zu leeren. Selbst nach dem letzten Zug ist das Horn zwar merkbar leerer, doch immer noch weit von gänzlicher Leerung entfernt. Aufgrund Thors Scheiterns stellt ihm der Utgardloki nun eine vermeintlich einfachere Aufgabe. Er soll die Katze des Utgardloki vom Boden des Saales aufheben. Thor ergreift die Katze unter dem Bauch und versucht sie hochzuheben. Doch so sehr er sich bemüht, die Katze bleibt am Boden stehen, lediglich in der Leibesmitte, wo Thor sie packt, dehnt sie sich nach oben. Schließlich gelingt es Thor, zumindest einen Fuß der Katze vom Bo-

den zu heben. Voll Spott stellt der Utgardloki Thor nun eine dritte und letzte Aufgabe. Da der Gott augenscheinlich ein kleiner Schwächling sei, wolle der Utgardloki keinem seiner Krieger zumuten, mit Thor zu ringen. Stattdessen ruft der Utgardloki seine Amme Elli, schwer gezeichnet von ihrem hohen Alter, um mit Thor zu kämpfen. Doch so sehr Thor sich in diesem Wettkampf bemüht, die alte Frau niederzuringen, misslingt ihm dies und Elli zwingt ihn sogar auf ein Knie niederzusinken. Voll Hohn gestattet der Utgardloki gleichwohl Thor und seinen Gefährten, seine Gastfreundschaft zu genießen und in seinem Schloss zu übernachten.

Am nächsten Morgen nach dem Morgenmahl geleitet der Utgardloki die Wanderer vor die Tore seiner Burg. Voller Scham gesteht Thor sein Scheitern ein, woraufhin der Utgardloki Thor die Wahrheit der Begeben-

Ludwig von Maydell (1795-1846): Der Riese Skrymir schläft, während Thor mit dem Hammer auf ihn einschlägt (www.wikimedia.org)

heiten entbirgt. Die Gefährten seien dem Utgardloki bereits im Wald begegnet, wo er sich zum Schein als der Riese Skrýmir ausgegeben hatte. Auch seien die Hammerschläge Thors keineswegs ungefährlich gewesen, sie hatten nur keinen Effekt, da der Utgardloki zwischen sich und die Hammerschläge ein Gebirge gehalten habe, in dem noch jetzt die drei Täler zu sehen seien, die Thors Hammer geschlagen habe. Nur durch ein Spiel des Scheins und der Illusionen hätte Thor dies nicht sehen können. Auch in den Wettkämpfen hätten die Gefährten gegen Anderes gekämpft, als sie dachten. Loki sei gegen Logi, das allverzehrende Wildfeuer angetreten, während Thialfi mit Hugi, dem Gedanken des Utgardloki, um

Frölich, Lorentz (1820-1908: Thor versucht, die Midgardschlange in Gestalt einer Katze hochzuheben. (www.wikimedia.org)

die Wette lief. Das Trinkhorn Thors sei mit dem Weltenmeer verbunden gewesen und von nun an zeige sich das Trinken Thors als Ebbe und Flut. Die Katze, die Thor aufzuheben suchte, war niemand anderes als die weltumspannende Midgardschlange und Elli, die Amme, war das Alter selbst, welches jedes Wesen, selbst die Götter, niederringt.

Trotz des Scheiterns der Gefährten ist der Utgardloki tief erschüttert, wie stark sie sich gleichwohl in den Wettkämpfen bewährten und eröffnet ihnen, dass er ihnen den Zutritt zu seinem Schloss verweigert hätte, hätte er um ihre Macht gewusst. Im Wissen um ihre Stärke und die große Gefahr, die diese Stärke für beide Parteien mit sich bringe, verweigere er ihnen um ihrer beider Willen hinfort jeden Zutritt zu seiner Burg. Erzürnt ob des Trugs und des Verbotes erhebt Thor darauf seinen Hammer, um den Utgardloki zu erschlagen. Doch dieser ist plötzlich verschwunden und mit ihm seine gewaltige Burg und vor den Gefährten dehnt sich nur eine große leere Ebene aus. Frustriert sehen Thor und seine Begleiter sich gezwungen, nach Midgard und Asgard zurückzukehren.

III. Der Mythos in der Deutung

Ein solch komplexer Mythos eröffnet vielfältige Deutungsmöglichkeiten. Im Weiteren soll eine teils philosophische, teils tiefenpsychologische Deutung angeboten werden, die den Mythos als kosmologisch-existenzielle Reflexion über die Figur der Grenze und ihre Bedeutung für die conditio humana liest.

Der Mythos selbst hat die formale Struktur einer Heldenreise, in deren Verlauf der Held eine tief greifende existenzielle Transformation erfährt und verwandelt wieder an seinen Ausgangsort zurückkehrt. Anders als bei vielen Heldenreisen geschieht diese Verwandlung im Mythos vom Utgardloki allerdings nicht durch die siegreiche Überwindung von Grenzen, sondern ausschließlich durch die Erfahrung des Scheiterns in existenziell-kosmologischen Grenzsituationen. Neben seiner menschlich-existenziellen Dimension weist dieser Mythos denn auch eine kosmologische Dimen-

Frölich, Lorentz (1820-1908: Thor ringt mit Elli und fällt auf sein Knie (www.wikimedia.org)

sion auf, was zuerst im Reiseverlauf deutlich wird. Die Reise der beiden Götter beginnt in Asgard, der Wohnstatt der Götter, durchquert dann Midgard, die Menschenwelt, in der Götter und Menschen sich begegnen und Thor und Loki ihre menschlichen Reisegefährten gewinnen. Danach werden zwei der Menschenwelt mythologisch oft entgegengesetzte Gegenden durchquert, das hohe Meer und der tiefe Wald, in der mit dem Riesen Skrýmir eine Begegnung mit den Wesen der Welt stattfindet, die weder Götter noch Menschen sind. Nach Durchquerung der nichtmenschlichen Gebiete der Welt gelangt man schließlich nach Utgard, der Außenwelt, der Welt, die nicht mehr Welt ist, man befindet sich, mit anderen Worten, an den Grenzen der Welt.

Verfolgen wir nun diese Reise genauer unter Ausdeutung verschiedener existenzieller und kosmologischer Motive. Thor tritt diese Reise an, scheinbar ohne ein bestimmtes Motiv, begleitet durch den Gott Loki. Schon diese Verbindung erscheint auffällig, da sie den in sei-

ner körperlichen Kraft kaum zu besiegenden Gott Thor mit dem Gott Loki, dem listenreichen, zusammenführt, welcher zudem nur von den Göttern adoptiert wurde, eigentlich aber ein Riese ist.

In einer jungianisch-subjektstufigen Deutung, die den Mythos wie einen Traum und die Reisenden als Anteile des Traumsubjekts liest, würden hier in der Doppelgestalt Thor/Lokis leibliche Kraft und geistige List, ebenso wie eindeutige Identität und Identitätsgebrochenheit zusammengeführt. Die Verpflichtung Thialfis und Röskvas als Reisegefährten und Diener würde hier den göttlichen Anteilen des Traumsubjekts die menschlichen Anteile, und den männlichen und alten Teilen auch weibliche und junge Teile zugesellen. In einer solchen subjektstufigen Betrachtung handelt es sich bei den Gefährten, wären sie ein Individuum, um einen im jungschen Sinne weitestgehend vollständig individuierten Menschen, welcher die verschiedensten Gegensätze des Seins in sich aufgehoben hat und erst dann als ein solcher mit den Grenzen von Sein und Existenz konfrontiert wird.

Eine ergänzende Deutung könnte in der Tötung und Wiedergeburt der Ziegenböcke die Metapher eines rite de passage des Erwachsenwerdens sehen, nach der die Menschenkinder Thialfi und Röskva das Haus der Eltern als Erwachsene verlassen und sich der Welt zuwenden.

Doch die Begegnung mit der Bauernfamilie eröffnet - neben der Verpflichtung Thialfis und Röskvas - auch einen Blick auf die altnordischen Sozialverhältnisse, wie etwa das Verhältnis von Bauern und Adel (hier vertreten durch die Götter). Die damaligen Geschlechterverhältnisse (Röskva geht mit auf die Heldenreise, hat aber keine Prüfung abzuleisten) werden ebenso beleuchtet wie diedortig üblichen Gastfreundschafts- und Tauschverhältnisse.

So zeigt sich die Menschenwelt, fast spätheideggerianisch als Erde unter einem Himmel, in der sich Sterbliche und Göttliche begegnen, gekennzeichnet durch die ring- oder kreislaufhafte Verbindung dieser Sphären, die in der Erzählung von Tötung und Wiederauferstehung der Ziegenböcke (ethnologisch betrachtet wohl eine Anspielung auf viehzuchtbezogene Fruchtbarkeitskulte) deutlich wird. Die Welt erscheint hier als eine Welt der naturhaften Kreisläufe und Zyklen von Leben und Tod und Leben und zugleich der Unangepasstheit und Gebrochenheit menschlicher Existenz in diesen Naturzyklen, die sich in Thialfis „Sündenfall", dem Zerbrechen des Oberschenkelknochens und Trinken des Marks und dem folgenden Lahmen des Ziegenbockes zeigt. Man mag hier auf die Parallelen und Unterschiede zur Paradieseserzählung im Buch Genesis achten.

Nach der existenziellen Kontemplation der Natur der Menschenwelt begeben sich die Gefährten in die Sphäre der Hochsee und des tiefen Waldes, welche gleichwohl noch Teil der Welt (wenn auch nicht der Menschenwelt) sind und in ihrer Durchquerung bereits das zentrale Thema der Grenzen der Welt überhaupt anklingen lassen. In der Begegnung mit Skrý-

mir wird dann das Thema des Scheins angespielt, was sich in Skrýmirs Namen, welcher „Scheingroß" bedeutet, ebenso wie in der Verwechslung des Handschuhs des Riesen mit einer Sicherheit gebenden Höhle zeigt. Skrýmir scheint schon hier eine typische mythische Grenzgestalt zu sein, die in sich verschiedene grenzüberschreitende Eigenarten verbindet und so ein guter Repräsentant der Zwischenwelt des tiefen Waldes ist.

Das Täuschungsthema, das hier anklingt, verstärkt sich rückblickend dadurch, dass Skrýmir eine Illusion des Utgardloki ist, in welche dieser sich gekleidet hatte, und auch Thors vergebliche Versuche, den Essenssack zu öffnen und Skrýmir zu erschlagen, erweisen sich ex post als Täuschungen., d. h. als Spiel von Schein und Sein. Schließlich erklingt hier auch zum ersten Mal deutlich das Motiv des Scheiterns bei der Sicherung des Lebensunterhaltes durch Öffnung des Nahrungssacks wie bei dem Angriff auf den als Gegner erfahrenen Riesen. Vor einer freudianischen Folie scheitert Thor hier, könnte man sagen, sowohl in seinen Lebenstrieb- wie seinen Todestriebstrebungen.

Utgard, die Außenwelt, präsentiert sich dem Hörer als eine Ebene jenseits des Waldes und damit jenseits der Welten der Götter, der Sterblichen und auch der Riesen, der Toten und anderer Wesen. Dieses Jenseits der Welt befindet sich zum einen in der Welt, da die Ebene direkt an den Wald anschließt und zum anderen zugleich außerhalb der Welt, wie der Name Utgard bedeutet. Insofern darf erwartet werden, dass es sich bei dem sich zeigenden bzw. entbergenden Utgard in Form von Ebene und Schloss um ein von Ambiguität gezeichnetes Grenzphänomen handelt, welches sich genau an der Grenze von entborgenem Diesseits und verborgenem Jenseits der Welt zeigt.

Der Charakter als Weltengrenze verstärkt sich durch die Betrachtung des Schlosses des Utgardloki, welche die Gefährten gewissermaßen mit dem Erhabenen konfrontiert, da ihre Sinne kaum ausreichen, die Größe und Gewalt der Burg Utgards zu erfassen. Nach dieser existenziell erschütternden Konfrontation mit

Abbildung von Loki mit einem Fischernetz aus der isländischen Eddahandschrift NKS 1867 4to von Ólafur Brynjúlfsson (1760) (www.wikipedia.org)

Schelm und Schwindler, weise-dummer Narr, als Kulturheros oder als listenreich-täuschender Tölpel auf und bringt Veränderung und Umkehrung, Schöpfung und Zerstörung in die Welt. Er ist eine Figur der Grenze, stets in statu nascendi, Gestaltenwandler, ein Spiel von Formen und Formlosigkeit, Erfinder, Schöpfer und Zerstörer, Regel- und Tabubrecher, Grenzübertreter, oft an der Grenze vom Chaos zum Kosmos beheimatet. Für C. G. Jung ist der Trickster eine teils dem Schattenarchetyp verwandte Figur eines unintegrierten Zusammenfalls der Gegensätze. Die genauen Charakterisierungen und Beschreibungen des Trickster variieren innerhalb der Mythenforschung, nicht zuletzt abhängig von den konkreten mythischen Trickstergestalten, die jeweils im Mittelpunkt der Untersuchung stehen. Bei der Figur des Utgardloki handelt es sich etwa um eine sehr reife, bewusste und differenzierte Form des Tricksters, welche, in der Sprache C. G. Jungs, bereits in den Archetyp des Selbst übergeht.

Seine Wohnstatt an der Grenze der Welt ebenso wie die Täuschungen des Utgardloki lassen diesen deutlich als konkreten mythischen Ausdruck des Tricksterarchetyps erscheinen. Kosmologisch wie existenziell konfrontiert ein solcher Trickster den Menschen mit dem Übergang vom Chaos zum Kosmos, der Verwandlung der Leerheit und Wirrheit des vorweltlichen Anfangs in die Fülle und die Differenzen der Welt, mit dem Sein und dem Nichts. Als Grenzgestalt und Grenzübertreter gehört er dem Diesseits und Jenseits der Grenze, dem Kosmos und Chaos, dem Sein und dem Nichts, der Fülle und der Leere, dem mythischen Bild und der Bildlosigkeit zugleich an, was metaphorisch möglicherweise durch die zuerst massive Präsenz und Sichtbarkeit der Burg des Utgardloki und dann ihrer vollkommenen Absenz und Unsichtbarkeit in der leeren Ebene ausgedrückt wird. Zudem ver-

dem Erhabenen wird dann das Grenzthema intensiviert, da die Tore zur Burg, bzw. die Grenze der Welt, verschlossen ist. Nur durch Gitter vermögen sich die Reisenden durch die Grenzbefestigungen der Burg in die Burg hineinzubegeben, worin man ein Gleichnis der Verschlossenheit oder zumindest sehr schweren Zugänglichkeit der Grenze der Welt für den Menschen erblicken mag.

In der Burg begegnet uns dann der Widerpart der Gefährten in Form des Utgardloki, des Herrn der Außenwelt. Mythologisch handelt es sich bei der Figur des Utgardloki um eine Tricksterfigur. In der ethnologischen Mythenforschung gilt der Trickster als archetypische Figur, welche die Vereinigung von Gegensätzen verkörpert, oft ohne diese wirklich miteinander zu integrieren, und sich meist durch Zwiespältigkeit und Ambiguität, durch Anomalität und Vieldeutigkeit auszeichnet (vgl. etwa Radin, Kerényi, Jung, 1954). Der Trickster tritt meist als tierisch-göttlicher, gut-böser

Mount Thor ist ein Berg im Auyuittuq-Nationalpark auf Baffin Island, Nunavut, Kanada. Am Berg befindet sich die höchste mindestens senkrechte Steilwand der Welt. (www.wikimedia.org)

weist der Trickster als Schöpfer und Zerstörer, als Täuscher, Verwandler und Umkehrer den Menschen auf die Veränderlichkeit und Substanzlosigkeit der Welt ebenso wie der menschlichen Existenz.

Doch hat es mit der Figur des Utgardloki noch eine zusätzliche Bewandtnis, denn er wird gespiegelt in der Figur Lokis, eines der Gefährten. Loki gleicht dem Utgardloki nicht nur im Namen, sondern auch in seinen Charakteristika und zeigt sich in fast allen anderen Erzählungen von ihm ebenfalls als klassische Tricksterfigur (Prosa-Edda, Gylfaginning, Kap. 33). So ist er als unter die Götter adoptierter Riese eine Anomalie und zutiefst von Ambiguität gekennzeichnet.

Als einer der Götter wird er zugleich in den Ragnarök, der Götterdämmerung gegen die Götter kämpfen und auch als Vater der weltumspannenden und umgrenzenden Midgardschlange zeigt er sich als Grenzgestalt. Im Mythos vom Utgardloki begegnet Loki mit dem Utgardloki seinem Spiegelbild. Eine mögliche Deutung dieses Umstandes wäre, in Loki die überschreitenden und schöpfungsermöglichenden, schöpferisch-zerstörerischen und verwandelnden Aspekte des

Utgardloki zu erblicken, die eben nicht nur an den Grenzen des Kosmos sich zeigen, sondern zugleich jedem Dasein auch in der Welt als Möglichkeit einwohnen. So erscheint der Utgardloki in seinem Spiel von Sein und Nichts, Sein und Werden, Sein und Schein durch die Figur Lokis hindurch zugleich als immanenter Aspekt menschlicher Existenz.

Die Wettkämpfe, mit denen die Gefährten zu ringen haben, können vor diesem Hintergrund im Sinne der Existenzphilosophie Karl Jaspers' als existenzerhellende Grenzsituationen gelesen werden, welche bestimmte Aspekte menschlicher Existenz ausleuchten. Bedeutsam ist hier, dass das Scheitern der Gefährten in diesen Grenzsituationen unabhängig davon erfolgt, ob die Grenzsituation in Form des Wettkampfes von den Gefährten selbst vorgeschlagen oder, im Falle Thors, zugewiesen wurde, ob also bestimmte existenzielle Herausforderungen vom Menschen gesucht oder als existenzielle Anforderungen an den Menschen gestellt werden.

Das Wettessen des Riesen und Gottes Loki mit Logi, dem Wildfeuer, mag als Begegnung der Macht des Menschen mit der Macht der Natur verstanden werden, in welcher der

Foto: K Quinn Ferris (www.shutterstock.com)

Mensch, all seiner gewaltigen Kraft zum Trotz, unterliegen muss. Die drei Wettläufe des sich immer verbessernden und steigernden Menschen Thialfi mit Hugi, dem Gedanken, verweist uns auf die Unterschiede von Geist und Leib und die Überlegenheit des ersten über den zweiten, zugleich aber auch auf die stete Steigerungsfähigkeit des Menschen.

Ein interessanter anthropologischer Aspekt dieses Mythos, der sich an dieser Stelle zeigt, ist, dass der Mensch als notwendig scheiternd und zugleich als machtvoll, d. h. in seiner Schwäche und Kleinheit und seiner Stärke und Größe zugleich zur Darstellung kommt – ein Sachverhalt, auf den der Utgardloki in seiner Schlussrede selbst verweist, indem er das unumgängliche Scheitern der Gefährten angesichts seiner Täuschungen zusammen mit seinem Erschrecken angesichts der Stärke der Gefährten hervorhebt.

Vor einer kulturgeschichtlichen Folie könnte man hier angesichts des Abfassungsdatums der Prosa-Edda fragen, inwieweit hier möglicherweise in der Betonung der Stärke und Größe des Menschen und seiner gleichzeitigen Schwäche und seines Scheiterns ein Amalgam vorliegt, welches christliche Akzentuierungen der menschlichen Unvollkommenheit verbindet mit autochthonen altnordischen Vorstellungen menschlicher Größe, wie sie sich soziologisch typischerweise in der Seefahrerkultur der Wikingerzeit zeigen.

Auch die Prüfungen des Gottes Thor zeigen sich als existenzielle Grenzsituationen, denen der Gott sich aussetzen muss, ohne eine Wahl dabei zu haben. Wie Thialfi steigert sich Thor in den drei Versuchen des ersten Wettkampfs und hat ohne sein Wissen einen großen Einfluss auf die Welt, indem er Ebbe und Flut erschafft. Abhängig von der Deutung des Ozeans mag dieser Wettkampf unterschiedlich verstanden werden.

Er könnte als Allegorie auf den massiven, irreversiblen und zuerst vielleicht nicht einmal bewussten Einfluss des Menschen auf die Natur und damit als Gegenstück zum Wettkampf Lokis mit der Natur gelesen werden, wobei der archetypische Elementengegensatz von Feuer und Wasser diese Deutung unterstützen könnte.

In einer jungschen oder freudschen Deutung würde Thor versuchen, das Meer des Unbewussten auszutrinken und wo Es war, Ich werden zu lassen, was in großem Maße auch gelingt und in noch weit größerem Maße jedoch scheitert.

In einer weiteren Deutungsmöglichkeit würde hier das Ich, das Subjekt versuchen, die Welt und die Natur, also alles Nicht-Ich, alles Objekt sich einzuverleiben und sich zu eigen zu machen, was auch hier sowohl in hohem Maße gelingt, als auch in noch größerem Maße aber misslingt, und so eine Allegorie der conditio humana erzählt.

Im Heben der Katze unternimmt Thor das Heben der Midgardschlange. Bei dieser Figur handelt es sich um einen Uroboros, welcher oft als sich kreisförmig in den eigenen Schwanz beißende Schlange mythologisch als Symbol der Zirkularität und Ewigkeit oder ewiger Wiederkehr dient. In der Prosa-Edda umgrenzt und begrenzt die Midgardschlange kreisförmig die Welt. Kosmologisch versucht Thor also, ohne es zu wissen, die Welt aus den Angeln zu heben, aus der Immanenz heraus die Grenze der Immanenz zu umfassen und zu begründen, die Grenze der Welt aufzuheben.

Umso erstaunlicher ist es, dass es Thor gelingt, die Katze in ihrer Länge nach oben zu dehnen und außerdem einen Fuß der Katze anzuheben, also zum einen die Grenzen der Welt zu erweitern und zum anderen, gleichsam von einer exzentrischen Position aus, zeitweise und in sehr begrenzter Form auch die Weltgrenze selbst von außen zu erfassen und aufzuheben.

Nach dieser Allegorie auf die Fähigkeit des Menschen, die Welt zu erweitern und sie zumindest aspekt- und momenthaft unter dem Gesichtspunkt der Ewigkeit zu verstehen, erfolgt im dritten Wettkampf die Begegnung mit der Zeit, also der kosmischen Vergänglichkeit und Verwandlung allen Seins, und dem existenziellen Leben, Altern und Sterben der Menschen wie auch der Götter. Die alte Amme Elli lässt sich verstehen als tricksterhaftes Amalgam von Leben und Tod – als Amme spendet sie Leben und steht an dessen Anfang, als Alter nimmt sie Leben und steht an dessen Ende.

Auch hier scheitert Thor notwendig, denn auch er ist der Zeit und der Vergänglichkeit, dem Altern und dem Tod ausgeliefert und zugleich vermag er sich doch begrenzt zu wehren, da er sich lange zumindest noch auf einem Fuß zu halten vermag. Auch hier zeigen sich simultan Scheitern und Schwäche, Stärke und Größe des Menschen.

Am nächsten Morgen nach dem Verlassen der Burg entbirgt der Utgardloki den Gefährten die Wahrheit über ihre Prüfungen. In einem Moment, welcher in der plötzlichen Verwandlung von Unkenntnis in Kenntnis an die Wiedererkennung (Anagnorisis) und seiner Wendung der Reise zur Rückkehr an den Umschlag (Peripetie) der griechischen Tragödie, ebenso wie an den Umschlag der Gegensätze (Enantiodromie) C. G. Jungs erinnert, zeigt sich der Charakter der scham- und leidvollen Prüfungen der Gefährten als Grenzsituationen, in denen das Erfahren des heroischen Scheiterns zugleich im Sinne Jaspers' eine Erhellung der menschlichen Existenz darstellt.

In solchen unüberwindbaren, kritischen Grenzsituationen sieht sich, so Jaspers, der Mensch – und im Mythos vom Utgardloki gilt dies selbst für Götter und Riesen – unausweichlich und letztgültig Kampf, Scham und Leid, Alter und Tod ausgesetzt und stößt so an die Grenzen des Seins. Dass im Scheitern in den Wettkämpfen im Übrigen Scham und nicht wie bei Jaspers Schuld eine besondere existenzielle Betonung erhält, zeigt, dass auch Grenzsituationen kulturell überformt sind, da sich hier ethnologisch die Differenz von Schuldkulturen, wie etwa der christlichen, und Schamkulturen, wie etwa der altnordischen, der altgriechischen oder der japanischen bemerkbar macht.

Im Sein im Scheitern lichtet der Mensch seine vom Umgreifenden der Transzendenz umfasste Existenz und erfährt zugleich das unausweichliche Scheitern als Chiffre der Transzendenz. In Jaspers Existenzphilosophie führt nur die Annahme dieses Scheiterns und der Erfahrung der Grenzsituation zur existenziellen Verwandlung.

Im Mythos vollzieht sich diese Wandlung im letzten Scheitern Thors, als er nach der Erkenntnis der Wahrheit im doppelten Sinne im enttäuschten Zorn den Utgardloki zu erschlagen sucht und der Utgardloki sich und seine Burg für immer verhüllt und entzieht. Unter diesem Aspekt erscheinen die Burg des Ut- gardloki in ihrer erhabenen und kaum über- schaubaren Größe wie auch die verbleibende leere Ebene nach Verhüllung und Entzug der Burg als Chiffren der Ganzheit und Fülle des Seins ebenso wie der Leere des Nichts. Ut- gard selbst erscheint mithin als Schein und als Grenze und wird so seinem Namen gerecht.

Auf interessante Weise verwebt der Mythos so in der Figur der Grenze Sein und Nichts und Sein und Schein. Der Schein des Utgardloki in Form seiner vielfältigen Täuschungen und Illusionen, wie seiner Verwandlung in Skrýmir, der Verhül- lung seiner Burg und der Trug über den wah- ren Charakter der Prüfungen, ereignet sich stets genau an der Grenze des Seins und der Exis- tenz und lässt diese Grenze in ihrer Ambiguität erfahren. Als Grenzfigur schillert und changiert der Schein zwischen Wahrheit und Falschheit, ebenso wie zwischen Sein und Nichts.

Eine Besonderheit der Erfahrung der Grenzsi- tuationen in diesem Mythos ist allerdings, dass die Gefährten trotz ihres unausweichlichen Scheiterns sich als viel stärker zeigen, als vom Utgardloki erwartet. Im Wissen um diese Stärke und die Steigerungsfähigkeit ihrer Leistungen verwehrt der Utgardloki jeden zukünftigen Zu- tritt zu seiner Burg, wie es scheint, um jedes Ri- siko auszuschließen, dass doch einst eine Prü- fung bestanden werden könnte, da dieses eine große Gefahr für beide Parteien sei. Der Utgard- loki scheint den Menschen so nun nicht mehr nur als ein an den Grenzen scheiterndes In-der- Welt-Sein, sondern auch, zumindest potenziell, etwa beim Heben der Midgardschlange, also der Weltgrenze, oder dem Ringen mit Elli, der Zeit, als ein In-der-Welt-über-die-Welt-hinaus- Sein erfahren zu haben. Doch diese Transzen- denz des Menschen bleibt hinsichtlich ihres Wertes im Zwielicht angesichts der nicht näher bezeichneten Gefahr, welche der Utgardloki in ihr erblickt.

Vor dem Hintergrund einer solchen Deutung liest sich der Mythos vom Utgardloki im Gyl- faginning der Prosa-Edda als tiefe mythische Kontemplation der conditio humana und der Welt, von Schein und Sein, von Existenz und Transzendenz.

Literaturverzeichnis

Hyde, L. (1998): Trickster makes this world. Mischief, myth, and art. New York NY: Farrar Straus Giroux

Krause, A. (Hrsg.) (1997): Die Edda des Snorri Sturluson, Stuttgart: Reclam

Radin, P., Kerényi, K., Jung, C. G. (1954): Der göttli- che Schelm. Ein indianischer Mythen-Zyklus. Zürich: Rhein-Verlag

William J. H., William G. D. (Hrsg.) (1993): Mythical Tricks- ter Figures. Contours, Contexts, and Criticisms. Tusca- loosa AL u. a.: University of Alabama Press.

Dr. phil. Hilmar Schmiedl-Neuburg, Dozent für Philoso- phie am Philosophischen Seminar der Christian-Alb- rechts-Universität zu Kiel, Studium der Philosophie, Psy- chologie und Soziologie in Kiel, Aberdeen und Harvard. Gestalttherapeut in freier Praxis (HeilprG.), verschiedene Weiterbildungen in Psychoanalyse und Tiefenpsychologie. Verschiedene Veröffentlichungen in Philosophie und Psy- chotherapie, zuletzt ein Sammelband „Philosophie – Psy- choanalyse – Kultur", Peter Lang Verlag 2017. Kontakt: schmiedl-neuburg@philsem.uni-kiel.de.

wahrheit und lüge

Die Psychologie der Täuschung (6)

Religionen: „Lügengeschichten" oder „ewige Wahrheiten"?

Die Repräsentanten der traditionellen Religionen, insbesondere der monotheistischen, sehen sich einem zunehmend sich verschärfenden Dilemma zwischen wissenschaftlicher Welterklärung (Astrophysik, Evolution, Neurowissenschaften, Psychologie) und spirituellem Bedürfnis der Menschen gegenüber.

Jungfrauengeburt, Wunderhandlungen und -heilungen, Tod und Wiederauferstehung, Himmelfahrten und Höllenglauben, Heilige Schriften und göttliche Offenbarungen, Segen, Gebete, Weihwasser und Teufelsaustreibung: Drücken sich darin ewige, nicht zu hinterfragende und zu bezweifelnde Wahrheiten aus oder entsprechen sie einem überholten magisch-mythischen Denken?

Sind sie heute nicht mehr als nur *Opium fürs Volk* (K. Marx)? Ist der Gott der Christen tot (F. Nietzsche)? Sind Religionen eine Zwangsneurose (Freud) oder gar eine bewusste Volksverdummung, um Menschen durch Angst und Schuldgefühle in Abhängigkeit zu halten, sie geistig zu unterdrücken und einen weltweiten Machtanspruch aufrecht zu erhalten?

Das Angebot der Analytischen Psychologie, religiöse Glaubensinhalte als zumindest teilweise heil- und wirksame psychische Symbole anzusehen (vgl. Jung, C. G.: *Psychologie der Religion*, *GW 11*; Wehr, G. (2009): *Christentum und Analytische Psychologie*; Obrist, W. 2009: *Religiosität ohne Religion*; Kaufmann, R. (2015): *Monotheismus - Entstehung, Zerfall, Wandlung*), können Vertreter der Religionen – obwohl es durchaus solche Tendenzen in ihren eigenen Reihen gibt – nicht gut annehmen. Auch wenn die führenden Persönlichkeiten selber vielleicht nicht mehr buchstäblich und konkret an die von ihnen vertretenen Mythologien, Dogmen, Rituale und heilige Schriften glauben, so scheinen sie es doch kaum riskieren zu wollen oder zu können, die bislang behaupteten Glaubensinhalte jetzt „nur" noch als psycho-symbolisch zu interpretieren.

Die heutige Philosophie, Wissenschaft und Psychologie befriedigen das Sinnbedürfnis vieler Menschen nicht wirklich. Eine große Mehrheit von Gläubigen ist zudem offenbar darauf angewiesen, Mythen und Rituale immer noch ganz konkret aufzufassen. Ohne ein solches konkretes Verständnis können sie für diese Menschen ihre sinnstiftende Funktion offenbar nicht erfüllen. Und solange es keinen gleichwertigen oder gar besseren Ersatz für die sinnstiftende Funktion der konkret aufgefassten Mythen und Gottesbilder gibt, solange werden sie offenbar für eine Vielzahl von Menschen benötigt. Das wird manchmal von den Religionskritikern übersehen.

> *Gibt es für die Seele etwas, was wir als Illusion bezeichnen dürften?*
> *Für die Seele ist sie vielleicht eine wichtige Lebensform,*
> *eine Unerläßlichkeit, wie der Sauerstoff für den Organismus.*
> *Was wir Illusionen nennen,*
> *ist vielleicht eine seelische Tatsächlichkeit von überragender Bedeutung.*
> *Die Seele kümmert sich wahrscheinlich nicht*
> *um unsere Wirklichkeitskategorien.*
> *Für sie scheint in erster Linie wirklich zu sein, was wirkt [...].*

Jung, GW 16 § 111

Theresa von Ávila

Auf der Suche nach innerer Wahrheit

Ingrid Riedel

Panoramaansicht von Ávila (www.wikimedia.org)

Theresa von Ávila war eine von denen, die das Ringen um innere Wahrhaftigkeit und Authentizität gegenüber allen Zwängen zur Anpassung an vorgegebene Rollen – durch Familie, Kirche und Gesellschaft – mit besonderer Leidenschaft austrugen: und dies sehr lange mit entsprechenden Leiden bezahlten, mit Zuständen bitterster psychischer und physischer Not.

Ein herzzerreißender Zwiespalt war in jener Zeit im gegenreformatorischen Spanien dadurch gesetzt, dass Gott und Welt, bzw. Welt und Kirche als unerbittliches Entweder-oder galten, sodass eine junge Frau von der Attraktivität und Lebenslust einer Theresa Ahumada Alonso de Copeda, wie sie mit ihrem vollen Namen hieß, im wahrsten Sinn des Wortes davon zerrissen wurde.

Ihre Mutter stammt aus altkastilischem Adel, woher Theresa ihre Schönheit, ihren Stolz und ihre unbändige Lebenslust bekommen haben mag; ihr Vater ist von einem Elternteil her jüdischer Herkunft, was ebenfalls eine zähe Überlebenskraft und eine von weither gespeiste religiöse Sehnsucht, ja Leidenschaft mit sich gebracht haben wird.

Schon die Siebenjährige soll, zusammen mit ihrem Bruder Rodrigo den muslimischen Mauren, die das damalige Spanien teilweise besetzt hielten, todesmutig entgegengezogen sein, um sie entweder zu Christus zu bekehren oder selbst den Märtyrertod zu erleiden. Zum Glück holte ein Onkel die beiden Kinder rechtzeitig zurück.

Es ist diese „hinreißende Verrücktheit", wie ich es einmal nennen will, die Theresa in ihrer Leidenschaftlichkeit charakterisiert. Nicht nur ihre Sinnenfreude, die sich die Welt erobern will, auch ihre tiefe Spiritualität atmen diese hochgemute Leidenschaftlichkeit. Wie damit umgehen in einer Zeit, in der Weltliches und Geistliches als unvereinbar galten? Entweder war sie gezwungen, ihre Natur- und Sinnenlust als Frau zu verleugnen oder ihre brennende Sehnsucht nach religiöser Hingabe aufzugeben.

In der Welt leben oder im Kloster, das wird für sie zur existenziellen Frage. Musste sie

Kloster de la Encarnación in Ávila, in das Theresa von Avila 1535 eintrat. (www.wikimedia.org)

nicht in jedem Fall eine Seite ihrer wahren Natur abwerten und damit vielleicht opfern?

Hinzu kam der frühe Tod ihrer Mutter, sie war also in ihrer Entwicklung als Frau ohne Geleit und Vorbild – und die verfrühte Todes- und Verlusterfahrung hatte darüber hinaus in ihrer Jugend eine Angst, ja eine Panik vor dem Tod in ihr ausgelöst. Wie bei dem frühen Luther auch – ihrem etwas älteren Zeitgenossen – verknüpfte sich damit die Frage nach ihrem Seelenheil.

Gegen die aufbrechende Todesangst und trotz der damit verbundenen Frage setzte die jugendliche Theresa eine Zeit lang ihre umso heißere Lebenslust, die sie mit Gleichaltrigen zusammen auslebte – was die Spannung zwischen Geist und Leib, zwischen Gott und Welt schließlich ins Unerträgliche steigerte. Dabei wäre ein ganz anderes Christentum denkbar, eines, das die Vorstellung von der Schöpfung alles Lebens durch Gott ernst nähme und von daher Leib und Geist, Welt und Gott als tief zusammengehörig verstünde.

Als die Sechzehnjährige um 1531 von ihrem Vater – vielleicht auch, um ihr Grenzen zu setzen – dem Kloster „Maria Gnaden" in Avila anvertraut wird, als Schülerin, die zugleich in die Grundzüge geistlichen Lebens eingeführt

werden soll, da erkrankt Theresa aus dem damit gegebenen inneren Konflikt heraus so schwer, offenbar psychosomatisch, mit wiederholten Ohnmachtsanfällen und zeitweiliger Bewusstseinstrübung, dass sie wieder in ihr Elternhaus zurückkehren muss - in diesem Fall zu ihrem Vater. Mit solchen Zuständen konnte man in der damaligen Klosterschule nicht umgehen.

Hier wird nun die innere Spannung überdeutlich. Schon in diesen Klosterschulen wirkte ja alles daraufhin, dass die Schülerinnen später selbst in den Orden eintraten. Gerade wegen ihrer Freude am jugendgemäßen Leben in der Welt fühlte Theresa eine überstarke Abneigung gegen ein Leben im Kloster, die aber zugleich eine tiefe Gewissensangst in ihr auslöste.

Nun ist es nicht selten so, dass das, was wir am stärksten ablehnen, sich im Unbewussten aufstaut und sich dennoch immer wieder vordrängt, auch dies von körperlichen Beschwerden und psychosomatischen Leiden begleitet. Drängte sich in der Klosterschule die Liebe zur Welt nach vorn, so beunruhigte sie ihre echte Sehnsucht nach Spiritualität, als sie wieder in der Alltagswelt von Avila, umworben, zwischen Geselligkeit und Festen unter Gleichaltrigen lebte.

Im Jahre 1535 wünschte sich schließlich die eben Zwanzigjährige, allem inneren Zwiespalt zum Trotz, doch in eine Ordensgemeinschaft einzutreten, nun in die des Karmel – und nun gegen den Willen ihres Vaters, der sich ihre Erfüllung als Ehefrau und Mutter in einem weltlichen Leben vorstellte, weil er nur dies für naturgemäß hielt.

Auch wenn dies zweifellos der anderen Seite ihrer radikalen Natur, der Sehnsucht nach Hingabe an Gott entsprechen konnte, wusste sie doch selbst, dass sie jedenfalls zu der Zeit – um 1536 war es – noch mehr aus Angst vor Gott, vor dem Tod, aus Angst um ihr Seelenheil die Gelübde ablegte. Nicht aus Begeisterung, sondern aus Angst, vor Gott sonst nicht bestehen zu können, sei sie damals aus eigenen Willen und gegen den Willen ihres Vaters ins Kloster eingetreten, so schreibt sie später selbst.

Statue der Theresa von Ávila vor dem Kloster de la Encarnación (www.wikimedia.org)

Um das Klosterleben, das sie einerseits ernsthaft zu erfüllen versucht, aber doch überhaupt ertragen zu können, lädt sie sich zu der Zeit – das ist damals noch möglich – manche aus ihrem damaligen Freundeskreis in Avila regelmäßig ins Kloster ein, hält quasi Hof vom Kloster aus und füllt ihre Tage dort mit „Klatsch" und Geschwätz, wie sie später selbstkritisch bemerkt.

Die Nonne Theresa war damals gleichsam in einer Persona-Rolle, da damals das Kloster allgemein als das höchste Ziel für einen jeden Christen galt. So stand sie unter Rollenzwang, unter Verdammungsdrohung, falls sie das Gegenteil wählte.

Doch nun geschieht, was geschehen muss, weil sich ihr tieferes Selbst unter der Rolle rührt, bewegt, aufbäumt und sich dieser Verbiegung um den Preis ihres Lebens widersetzt. Die Krise, in die sie drei Jahre nach ihrer Profess gerät, ist lebensgefährlich: Vier Tage lang verfällt sie in einen katatonen Zustand, der klinisch gesehen als äußerst bedenklich galt und gilt. Noch nach vier Jahren leidet sie an Bewegungsbeschwerden, z. B. beim Gehen. Katatone Zustände kennt man auch heute, sie gelten als lebensgefährlich, doch gehören sie ins Feld der Psychiatrie.

Wichtiger als ein genauer klinischer Befund im Blick auf das, woran sie damals litt, ist für uns die Frage: Wie kam sie schließlich doch darüber hinweg und wodurch? Wie fand sie schließlich sich selbst wieder – und auf neue Weise endlich zu ihrer Wesensbestimmung?

Schrittweise entdeckt sie in dieser Zeit ihre innere Wahrheit und damit das tiefe Gespräch mit sich selbst und mit ihrem Gott, das innere Gebet: *Sie hatte erkannt, dass Glauben den ganzen Menschen betrifft … Theresas Kontemplation war nicht passiv oder regressiv, sondern wagemutig, unternehmend, liebend und hörend* (Herbstrith, 1987, S. 286) – so, wie sie war, in ihrer leidenschaftlichen Natur, ihres Selbst. Das innere Gebet folgt keinem vorgegebenen Muster, keinem Rollenzwang, es ist vielmehr innerster Ausdruck der Seele.

Doch erst 15 Jahre später, im Jahr 1554, kommt der eigentliche Durchbruch für Theresa: Vor einem Bild des leidenden Christus – sein Leiden verstehend als Preis für seine Gottverbundenheit, die alle vorgegebenen Gesetzesgrenzen sprengt – löst sich in einem Tränenstrom der lebenslange Zwiespalt, wie ein Krampf sich löst.

In dieser Grenzen sprengenden Weise möchte auch sie sich aus ihrem innersten Wesen heraus mit Gott verbinden – allen damit verbundenen Leiden und allen äußeren Widerständen zum Trotz.

Um das innere Gebet als ein Herzensgespräch mit Gott auch anderen zu vermitteln, brach sie nun auf – es ist im Jahr 1560 –, den Karmeliterorden in Spanien zu reformieren, zuerst in dem Sinne, dass es eine echte Klausur in ihm geben solle, um täglich in schweigender Kontemplation verweilen zu können. Sie zwang dies niemandem auf, doch sie weckte Freude daran und Sehnsucht danach.

Über die direkte Meditation als ein Gespräch *mit dem Freunde*, wie sie Christus nennt, kennt Theresa auch Zugänge zur Kontemplation, die uns Heutigen vielleicht am besten zugänglich sind: *Mir persönlich half es aber auch, wenn ich die Felder, das Wasser, die Blumen betrachtete.* (Herbstrith).

Es ist vor allem von der Zeit an wieder das Erfrischende an Theresa und um Theresa, das verwandelte Feuer ihrer Jugend, das Menschen auszeichnet, die um sich selbst wissen und zu sich selbst stehen, jetzt gerade auch in ihrem unerschrockenen Umgang mit Autoritäten, den sie zur Durchführung ihrer großen Reform brauchte. Vor allem hat sie ihren Ordensschwestern, die sie zu einem vertieften Zugang zu Gott ermutigte, zugleich die Heiterkeit ans Herz gelegt – und vorgelebt. Theresa soll das Tamburin meisterhaft geschlagen und oft ihre Schwestern zu Tänzen inspiriert und eingeladen haben.

Als sie die Trennung zwischen Bejahung und Verneinung der Welt überwunden, als sie Freude am Wirken in der Welt als Gottes Schöpfung gefunden hatte, konnte sie ganz sie selbst sein. Anstatt ausgeklügelter Gebetsübungen fand sie es, wie schon erwähnt, ebenso sinnvoll, sich an eine Blume zu erin-

Johannes vom Kreuz: Detail aus dem Porträt von Francisco Pacheco (1564–1644) (www.wikimedia.org)

nern oder an ein Wasser und darin die Fülle der Schöpfung zu erfahren. In einer wesenhaften Verbindung von vita activa und vita contemplativa hat sie darüber hinaus den Zwiespalt zwischen vitaler Extraversion und intensiver Introversion überwunden.

Wie blühte diese hochbegabte Frau auf, vital und extravertiert in ihren unermüdlichen Reisen von Kloster zu Kloster durch ganz Spanien, und in ihren siegreichen Kämpfen mit gefürchteten Autoritäten, um eine wahrhaft menschen- und gotteswürdige Klosterreform zu erringen. Wie konnte sie jetzt auch ihre Leidenschaft für das Spirituelle, für Gottes Sache ausleben!

Theresa spricht in einer so partnerschaftlichen Weise über die Beziehung zwischen Gott und Mensch, wie ich sie vorher und eigentlich auch sonst sehr selten und noch nirgends in dieser Weise angetroffen habe. In ihrem authentischen Erleben wird „Gott" ihr immer mehr zum Gesprächspartner, ja zum Freund. Beten heißt für Theresa, sich der Anwesenheit des Freundes zu vergewissern und sich in seiner Nähe aufzuhalten. Gott vermag sie zu berühren, ja zu verwunden – so wie sie auch ihn, wenn sie mit ihm über die Nöte der

Peter Paul Rubens (1577-1640): Theresa von Ávila, Kunsthistorisches Museum, Wien (www.wikimedia.org)

Welt spricht, die seiner bedarf. Und je mehr sie sich an Gott bindet, desto mehr findet sie sich selbst.

Solo dios, basta – Gott allein genügt, so endet das Gebet, das man nach ihrem Tod in ihrer Handschrift aufgezeichnet bei ihr findet.

Es ist bekannt, dass sie in ihren Vierzigerjahren den Weg der inneren Erfahrung auch zu beschreiben und anderen überzeugend zu vermitteln vermochte, so vor allem in ihrem reifsten Werk *Die innere Burg*, das sie in ihrem 42. Jahr abschloss.

In ihr 52. Lebensjahr aber fiel eine so wichtige Begegnung für Theresa, dass man deren psychische und spirituelle Bedeutung kaum überschätzen kann: die mit Johannes vom Kreuz, dem wohl tiefgründigsten Mystiker und auch Poeten der spanischen Welt. Der um 20 Jahre jüngere Johannes vom Kreuz wurde ihr innigster spiritueller Gefährte und zugleich ihr mutigster Mitstreiter, der die Hinführung zu Klausur und innerer Stille, zum inneren Gebet auch auf die Männerklöster des Karmeliterordens zu übertragen suchte, auch hier eine Ordensreform von Grund auf in Angriff nahm – auch wenn er dabei auf Widerstand stieß und sehr viel durchzutragen hatte. Er tat es, au-

thentisch in seinem Wesen und in seiner Bestimmung wie Theresa – *Auch, wenn es Nacht ist* – wie eine seiner charakteristischen Gedichtzeilen lautet.

In Theresas schon erwähntem Werk *Die innere Burg*, in dem sie den Weg ihrer eigenen inneren Erfahrung nachzeichnet und in eindringlichen Bildern vermittelt, eröffnet sie in der letzten, der siebten Wohnung dieser *inneren Burg* endgültig der Raum innerer Freiheit: Hier vermag der Mensch jenseits von Hybris und Depression, jenseits von Rollenzwang und Persona-Kult ein einfacher, ein ganzer Mensch zu sein, nicht mehr und nicht weniger als er von Gott geschaffen ist – und wird es zugleich für die Mitmenschen und Mitgeschöpfe. Gegen alle äußeren Widerstände vermag er nach Theresas Überzeugung Gerechtigkeit und Liebe zu setzen. Dieses Stadium kann nur durch eine Vorstellung noch symbolisiert werden: durch das Vertrauen, dass der Regen, der ohne Zutun vom Himmel kommt, den Garten der Seele wie von selbst immer wieder zu überströmen und zu bewässern vermag.

So hat sie es erfahren, so gibt sie es weiter. Sie hat in der Bejahung der Welt als Schöpfung inneren Frieden und ihr wahres Wesen gefunden.

Literatur
Herbstrith, W. (1987): Von Gott beschenkt. Ursprünge geistlichen Lebens. Freiburg: Herder
Riedel, I. (2010): Mystik des Herzens: Meisterinnen innerer Freiheit. Freiburg: Kreuz.

Ingrid Riedel
Prof. Dr. theol., Dr. phil., Psychotherapeutin in eigener Praxis. Dozentin und Lehranalytikerin an den C. G. Jung-Instituten Zürich und Stuttgart, Honorarprofessorin für Religionspsychologie an der Universität Frankfurt/Main.

wahrheit und lüge

„Hier stehe ich und kann nicht anders"

Gewissensfreiheit, Wahrhaftigkeit und innere Überzeugung oder auch: „Was ist Wahrheit?"

Johannes Dürr

Anton von Werner (1843 - 1915): Luther vor dem Reichstag in Worms, Staatsgalerie Stuttgart (www.wikimedia.org)

Exemplarisch ließen sich zwei Exponenten zum Thema Wahrhaftigkeit und Wahrheit gegenüberstellen, die unterschiedlicher nicht sein könnten: Hier die Person Martin Luthers auf dem Reichstag zu Worms, erfüllt von innerer Gewissheit, dass er für die Wahrheit stehe und nicht anders kann – und da der Machtmensch Pilatus, zutiefst verunsichert durch die Person von Jesus mit seiner Gewissheit, dass er für die Wahrheit steht (Joh. 18,37).

So kann Pilatus nur fragen: „Was ist Wahrheit?" Was Jesus damit meint, ist für ihn wie von einer anderen Welt. Für Pilatus herrscht in der Welt das Spiel der Intrigen, der Lügen, des Verrats und der falschen Freunde, die nur auf eine Gelegenheit warten, den Konkurrenten eine Falle zu stellen. Was Jesus dagegen unter Wahrheit versteht, meint so viel wie Treue und Vertrauenswürdigkeit, die sich auf Gottes

Wesen beziehen – Gott ist, worauf man sich unbedingt verlassen kann, ist verlässliche Zuwendung, und er wirkt durch Jesus, *die Wahrheit und das Leben* (Joh. 14,6), sowie durch den Heiligen Geist, den *Geist der Wahrheit*" (Joh. 14,17).

Auch Martin Luther hatte auf dem Reichstag zu Worms ein Gegenüber in Gestalt des Kaisers Karl V. Gemeinsames Anliegen beider Seiten war die Reform der Christenheit und einer Kirche, bei der Auftrag und Wirklichkeit weit auseinander lagen. Karl sah dies als Aufgabe der Institution des Kaisertums an. Für Martin Luther dagegen war das entscheidende Kriterium die Wahrheit des unverfälschten Wortes Gottes, die sich dem Innersten des Menschen mitteilte. An sie war das Gewissen gebunden, und darum konnte Martin Luther nicht gegen sein Gewissen handeln. Der (modernisierte) Wortlaut vom Schluss seiner Rede vor dem Reichstag lautet:

[...[so bin ich durch die von mir angeführten Schriftworte bezwungen. Und solange mein Gewissen durch die Worte Gottes gefangen ist, kann und will ich nichts widerrufen, weil es unsicher ist und die Seligkeit bedroht, etwas gegen das Gewissen zu tun. Gott helfe mir, Amen!"

Später wurde der Wortlaut zugespitzt durch Einfügung der Worte

Hier stehe ich, ich kann nicht anders.

Während ein Pilatus sein Innerstes von der Frage nach der Wahrheit abspaltet, ist Luthers Verhalten wahrhaftig: Seine Äußerungen stimmen mit seiner inneren Überzeugung überein. Wahrhaftigkeit schließt dabei ein, dass sich ein Mensch irren kann, aber sie schließt jede bewusste Täuschungsabsicht, sie schließt die Lüge aus.

Was jedoch bringt Luther zu der Aussage, dass sich Papst und Konzilien irren können, während er als Einzelner für die Wahrheit stehe?

Es ist die Gebundenheit an das eigene Gewissen. Bei diesem handelt es sich jedoch nicht um die innere Stimme eines autonomen Individuums. Vielmehr scheint Luthers Erfahrung gewesen zu sein: Allein durch die Ausrichtung an Gottes Wort erlebe ich, dass mich das Gewissen nicht mehr verurteilen kann, sondern dass ich durch Gottes Vergebung angenommen bin. Auf seine Zusage kann ich ganz gewiss vertrauen. So findet die Autorität menschlicher Institutionen wie Papstamt, Kirche und weltliche Regierung also ihre Grenze an einem Gewissen, das sich allein an Gott und sein Wort gebunden weiß.

Diese Gebundenheit an das Gewissen hatte dann ihre Folgen für das neuzeitliche Gewissensverständnis:

Der Mensch darf in seinem Innersten nicht vergewaltigt werden. Die Frage bleibt allerdings, ob dieses Innerste nur im Sinne Luthers verstanden werden kann und auch, wie es sich zum Unbewussten verhält. Ist das Gewissen eine Stimme Gottes mit einer autonomen Dynamik? Ist es geprägt von einem „Über-Ich" im Zusammenhang mit gesellschaftlichen Normen, oder kann man es als die innere Stimme des Archetyps des Selbst verstehen? Beruht es auf einem vorgängigen Wissen um das Gute? Ist es so etwas wie ein innerer Gerichtshof?

Wie immer die Antwort ausfällt, maßgeblich scheint mir auch und gerade für unsere Zeit, die Frage des Pilatus zu sein: „Was ist Wahrheit?" Nicht nur als Ausdruck eines Unverständnisses oder einer skeptischen Distanz, sondern als grundsätzliche Anfrage, was in Wahrheit dem Leben und einem friedlichen

Nikolai Nikolajewitsch Ge (1831-1894): Was ist Wahrheit? Christus vor Pilatus (www.wikimedia.org)

Zusammenleben der Menschen dient. Wer oder was ist *der Weg, die Wahrheit und das Leben* (Joh. 14,6)?

Die Frage ist auch im Blick auf Martin Luthers Einstehen für die Wahrheit zu stellen. Auch seine Gebundenheit an das Wort Gottes konnte nicht verhindern, dass er das geschriebene Wort Gottes durch die Brille seiner Erfahrung sah. Die Erfahrung, welche Rolle die guten Werke in der Kirche spielten, prägte zum Beispiel seine Sicht des Judentums, das er als eine Gesetzesreligion betrachtete und verurteilte.

In diesem Sinn versteht er bei Paulus die Antithese zwischen Glaube und Werken, Evangelium und Gesetz. Diese Antithese gebrauchte er dann auch als theologische Waffe gegen Bauern, Wiedertäufer und Muslime – eine unheilvolle Konstellation, die davon ausging: Hier stehen „wir" – im Bunde mit der Wahrheit, dort die „andern", die sie ablehnen und die darum bekämpft werden müssen.

Ein solches Freund-Feind-Denken scheint mir auch ein Thema von aktueller Brisanz zu sein. Die Wahrheit ist unter Druck geraten. Der Stellenwert der Wahrhaftigkeit hat sich verändert. Tugenden wie Anstand, Ehrlichkeit, Aufrichtigkeit, Offenheit und Echtheit sind in der Mottenkiste der Geschichte gelandet. Es gibt keine allgemein anerkannten Instanzen für die Wahrheit und immer weniger gemeinsamen öffentlichen Raum für die Auseinandersetzung über sie. „Fake News" werden geschaffen und geglaubt. Als wahr gilt, was die eigene Haltung bestätigt. „Hier stehen wir – und da die andern" – nach diesem Schema macht ein Donald Trump Politik: Hier steht der maskuline, weiße und heterosexuelle amerikanische Mann in Allianz mit Gott, Macht, Geld und Nation – auf der anderen Seite die Menschen mit anderer Hautfarbe, Einwanderer, Muslime, Feministinnen, Natur- und Klimaschützer …

Doch steckt dahinter nicht wie einst bei Pilatus auch so etwas wie ein schwaches Ich-Bewusstsein des Menschen, eine tiefe narzisstische Störung, eine Unfähigkeit, sich in andere Menschen hineinversetzen zu können?

Es geht hier nicht nur um bewusst eingesetzte Lügen, die das Ziel verfolgen, die eigene Machtposition zu stärken, sondern es geht um die Art von Selbstbetrug, mit dem jemand sich selbst etwas vormacht, die Augen vor einer Erkenntnis verschließt, die seelisch als bedrohlich erlebt wird, weil sie mit dem Selbstverständnis nicht übereinstimmt. So entstehen schließlich Lebenslügen, weil nicht sein kann, was nicht sein darf.

Doch wie kann es sein, dass eine solche Haltung, dass ein Trump und andere Demagogen mit ihren Lügen solchen Erfolg haben?

Dazu muss man verstehen, dass der Mensch ein tiefes Bedürfnis danach hat, dass ihm andere zuhören. Er braucht Aufmerksamkeit, möchte wahrgenommen werden, weil er nur dadurch ein Gefühl für sich selbst bekommt. Solche Bedürfnisse nutzen die Demagogen aus, und viele lassen sich täuschen, setzen auf vermeintliche Stärke bis hin zur Rücksichtslosigkeit.

Und genau an dieser Stelle sei wieder Martin Luther als Alternative ins Spiel gebracht: Es war die Entdeckung und Erfahrung der Rechtfertigung allein durch Gottes Zuwendung, die für ihn eine einzige große Befreiung bedeutete – die Befreiung zu einem guten Gewissen, gegründet in der Gewissheit, dass Gott das Leben und nicht den Tod des in sich selbst befangenen Menschen will und dass er ihm in seiner Treue ganz gewiss dieses Leben schenken möchte.

Völlige Gewissheit kann der Mensch zwar nur im Hinblick auf seine Annahme durch Gott haben. Entscheidende Konsequenz daraus wird jedoch, dass der Mensch so zum Handeln befreit wird. Ein glaubendes Gewissen befreit von dem Versuch, sich durch sein Handeln selbst zu rechtfertigen und der eigenen Ehre zu dienen. So kann sich der Mensch sachlich um das bemühen, was gut ist für ein Miteinander, nicht mehr bestimmt vom Gegensatz „Wir und die Andern".

Dabei weiß der Mensch, dass nicht er die absolute Wahrheit ist und für sich hat, sondern auch irren kann. Aber im Vertrauen auf Gottes Vergebung wagt er es dennoch zu handeln. Wo der befreiende Gott (2. Mose 20,2) die Wahrheit ist, da wird die Wahrheit frei machen (Joh. 8, 32). Dabei sind innere und äußere Freiheit nicht zu trennen: Der Gott Israels hat sein Volk aus der Sklaverei befreit, und mit der frei machenden Wahrheit meint Jesus die Treue jenes Gottes, der frei macht von der herrschenden Welt- und Gewaltordnung, wie sie auch in Pilatus verkörpert war.

In der Neuzeit war es nicht zuletzt Dietrich Bonhoeffer, der in Wort und Tat Zeuge für diese Wahrheit wurde. Unter dem Eindruck der Verhöre durch die Nazi-Justiz machte er sich Gedanken darüber, was es heißt, die Wahrheit zu sagen, und an anderer Stelle fragte er sich, was den Widerstand gegen die Gewalt der Mächtigen trägt. Seine Antwort heißt: Nicht die Vernunft, das Gewissen, die Tugenden, sondern allein der Glaube, die Bindung an Gott in der Nachfolge Christi ermöglicht die verantwortliche Tat. Diese riskiert es, zu handeln, im Wissen auch um die Möglichkeit, sich zu irren und schuldig zu werden. So kann es durchaus geboten sein zu lügen, zum Beispiel

gegenüber dem Verfolger. Doch in der verantwortlichen Tat vertraut der Mensch Gott und seiner Vergebung.

Maßgeblich scheint mir hier, dass Menschen Verantwortung übernehmen und dabei die Folgen ihrer Gesinnung und ihres Handelns bedenken. Es ist ein Verhängnis, dass so viele heute die Augen vor solchen Folgen verschließen. Beispiel: die zerstörerischen Folgen eines ungebremsten quantitativen Wachstums und Konsums für das Klima. Wenn wir weiter so leben und wirtschaften, brauchen wir uns über die katastrophalen Folgen nicht zu wundern.

Schon in alter Zeit standen die Visionen der Propheten Israels in diesem Zusammenhang von Ursache und Wirkung nach dem Schema „Wenn ihr weiter so handelt, Recht und Gerechtigkeit mit Füßen tretet, dann wird es zur Katastrophe kommen." Diese Propheten wollten den Menschen die Augen öffnen für die Wahrheit – im Gegensatz zu den Lügenpropheten (vgl. Jer. 23), welche die Menschen be-

Alfred Hridlicka (1928-2009): Mahnmal gegen Krieg und Faschismus (Wien, 1988), Detail: Dietrich Bonhoeffer (www.wikimedia.org)

schwichtigen und zum Verleugnen der Wahrheit bringen. Ihnen stehen jene gegenüber, die für die Wahrheit stehen (vgl. Jer 28). Sie handeln wahrhaftig in dem Sinn, dass sie die Stimme Gottes in ihrem Innern wahrnehmen sowie Visionen empfangen – und diese dann authentisch auf die Verhältnisse ihrer Zeit beziehen. Aber wird sich ihr Wort auch als wahr erweisen?

Das letzte Urteil darüber wird die Geschichte sprechen – entsprechend wurden gerade die Worte jener Propheten überliefert, die sich am Ende als wahr erwiesen. Am Anfang dagegen kann die Wahrheit nicht objektiv feststehen – und doch ist ein verantwortliches Handeln nötig, damit sich die Wahrheit erweist. Es zeigt sich dabei, dass manche Menschen tiefer und weiter sehen als andere – dass es also so etwas gibt wie eine intuitive, visionäre Wahrheit, die aus dem Unbewussten kommt. Doch auch sie muss im Fortgang des Handelns immer wieder überprüft werden, um aus Fehlern lernen zu können.

Pilatus hat es einst versäumt, aus einem Fehler zu lernen, obwohl er spürte, dass Jesus unschuldig war – er wusch lieber seine Hände in Unschuld, als verantwortlich vor dem Volk für die Wahrheit hinzustehen. Stattdessen überließ er den Demagogen das Feld.

Auch Martin Luther verrannte sich immer stärker in Abgrenzungen gegen andere und wahrte zu wenig Distanz zu seiner eigenen Auffassung der Wahrheit.

Im Begriff der Verantwortung dagegen zeigt sich: Das Verhältnis sich selbst gegenüber, wie sie im Gewissen zum Ausdruck kommt, tritt zurück gegenüber der Beziehung zu den konkreten Anderen. Wahrheit und Wahrhaftigkeit sind nicht zeitlose Begriffe, sondern ergeben sich in konkreten Situationen des Zusammenlebens, in einem personalen Geschehenszusammenhang. Maßgeblich ist dabei, was den Nächsten dient. Und so kann auch die unheilvolle Abgrenzung überwunden werden – hier wir, die Wahren,– da die andern, die Falschen. Vielmehr geht es darum, miteinander aus der Wahrheit zu leben: sich miteinander verantwortlich der Welt zu stellen und gemeinsam nach Gerechtigkeit, Nächstenliebe, Vergebung und Versöhnung zu trachten. Dies erfordert allerdings ein konsensorientiertes Verhalten einer Kommunikationsgemeinschaft (so J. Habermas). Dazu braucht es im Zeitalter der Globalisierung auch die Verständigung über kulturelle Konventionen – wie zum Beispiel, dass es in manchen Kulturen als unpassend gilt, unangenehme Wahrheiten auszusprechen.

Ein solches Miteinander der Verschiedenen hatte einst schon Paulus im Auge, wie z. B. in Galater 3,28 beschrieben. Es ist der Raum eines Miteinanders, eröffnet durch Gnade, verstanden als Zuwendung der Treue Gottes. Darin ist die Herrschaft der Machtmenschen wie Pilatus aufgehoben, und es genügt auch nicht, dass ein Mensch nur mit sich selber ins Reine kommt in Gestalt eines guten Gewissens. Sondern darin soll der Glaube wirksam werden in der Liebe hin zu einer Versöhnung der Menschen miteinander – indem all die Verschiedenen miteinander im Gespräch bleiben über den Weg zum wahren Leben und dafür immer wieder Schneisen schlagen.

Literatur
Bonhoeffer, D.: Was heißt die Wahrheit sagen? In: E. *Bethke u. a. (Hrsg.) (1996):* Dietrich Bonhoeffer Werke Band 16. München: Chr. Kaiser
Tietz, C. (2007: Aufstand des Gewissens, Am Beispiel von Martin Luther und Dietrich Bonhoeffer. Online Texte der Evangelischen Akademie Bad Boll.

Johannes Dürr
Pfarrer i.R., Tübingen, geb. 1946, Studium der Kirchenmusik in Esslingen und der Theologie in Tübingen, Göttingen und Mainz, Musikrepetent am Evang. Stift Tübingen, Gemeindepfarrer in Burladingen, Esslingen und Ditzingen, seit 2015 Landesvorsitzender der Evang. Akademikerschaft in Württemberg.

Grenzen setzen. Grenzen abbauen

Jürgen Wertheimer

Berlin Wall Series: (Die Mauer #14): „Torso", 1992, von Norbert Blei (www.wikimedia.org)

Sie fühlen sich bedroht? Unsicher? Die Welt um sie her zeigt sich als unberechenbar, zudringlich? Lassen Sie sich nicht weiter in die Defensive drängen – schlagen Sie zurück. Nein, natürlich nicht mit Gewalt. Freilich auch nicht durch offensive Zuwendung, etwa durch den Versuch der Kontaktaufnahme und Ähnliches – beide Arten der Maßnahme sind zum Scheitern verurteilt.

Als umso überzeugender erweist sich auch hier die Methode Kafka, der es versteht, westliches Dominanzgebaren mit geradezu fernöstlicher Flexibilität zu vereinen. Weder Abwehr noch Preisgabe kommen für ihn infrage. Vielmehr eine Art der Reaktion, die man an-

näherungsweise mit dem Paradoxon einer durchlässigen Blockade beschreiben könnte: Ziehen Sie eine Grenze – aber eine Grenze der besonderen Art.

Aus dem Nachlass Kafkas ist eine kleine Geschichte überliefert, die das Paradox der Grenziehung präziser und sinnfälliger vergegenwärtigt als viele Theorien darüber. Die Erzählung über den *Bau der Chinesischen Mauer* beinhaltet auf die dem Verfasser eigene knapp-distanzierte Weise alles, was zum Thema Sinn und Unsinn, Logik und Absurdität des Phänomens „Grenze" zu sagen ist.

Was da noch immer als architektonische und organisatorische Meisterleistung bis in

Die chinesische Mauer bei Badaling (www.wikimedia.org)

unsere Tage bestaunt und verklärt wird – die große Chinesische Mauer –, stellt sich aus der Sicht des historischen Baumeisters Kafka als Monument methodischen Wahns und dysfunktionaler Vermessenheit dar. Hunderte, tausende hoch qualifizierter Techniker waren über Jahrzehnte hinweg mit größter Ernsthaftigkeit an der Organisation und Umsetzung dieses Dokuments einer in Stein gefassten Sinn- und Wirkungslosigkeit beteiligt: Ein aus Teilabschnitten mit großen Lücken langsam wachsendes und schon im Bau teilweise wieder zerfallendes Gebilde, das in eine „öde", menschenleere Gegend gestellt, nichts voneinander trennt und auch gegen nichts schützt: Gegen wen sollte die große Mauer schützen? Gegen die Nordvölker. Ich stamme aus dem südöstlichen China. Kein Nordvolk kann uns dort bedrohen.

Vor Ort keine erkennbaren Feinde, tausende von Kilometern entfernt ein ebenso unsichtbarer wie unerreichbarer Kaiser. Gäbe es diese absurde, lückenhafte, durchlässig-beharrlich auftrumpfende Grenzmauer nicht, es gäbe kein Reich, keinen strukturierten Herrschaftsbezirk. Eine großartige Idee, die auch Ihnen jede Menge Möglichkeiten eröffnet, Ihrem Dasein Sinn und Form zu geben.

Die symbolische Behauptung und Repräsentation der Grenze schafft ganz offenbar Räume; Räume und Gefühle der Verbundenheit: Vom Gefühl von „Einheit", immer wieder „Einheit" ist die Rede.

Kafkas Text macht klar: Die Mauer am äußersten Rand des Imperiums schafft ein System, das es bis dahin noch gar nicht gab. Das, wenn man so will, „beliebige Gebilde" reduziert das Gefühl von Beliebigkeit. Die Abgrenzung nach außen wird zum Medium der Verschmelzung nach innen.

In einer Zeit, in der die Mauern und Zäune nur so aus dem Boden sprießen, ein nicht ganz uninteressanter Blick auf das uns mittlerweile fremd gewordene Phänomen der Grenze: Wir durchbrechen sie gelegentlich, bauen sie auf, passieren sie ordnungsgemäß, besetzen oder überspringen sie.

Gelegentlich erkennen wir: Mauern, Grenzen können uns Halt geben. Sie reduzieren unübersichtliche Situationen und schaffen Eindeutigkeit. Man kann sich hinter die Mauer zurückziehen und sich sicher fühlen. Zugleich jedoch lösen sie den Wunsch aus, sie zu überwinden.

Doch am interessantesten ist die Tatsache, dass das Prinzip der Mauer selbst dann funktioniert, wenn ihre Funktion außer Kraft gesetzt zu sein scheint: Lücken, marode Teile, Unfertiges machen aus einem Bau, der als Bollwerk der Abschottung gedacht war, ein löchriges, semipermeables Etwas, das dennoch – so Kafkas geniale Wendung – wirkt, als ob es vollständig intakt wäre. Denn es sind nicht Mauerwerk noch Stacheldraht, noch Schussanlage, die Trennung garantieren, sondern – imaginäre Kräfte? Ein emotionales Fluidum? Wir wissen es nicht. Kafka aber vermittelt eine vollständig neue Sichtweise auf das Phänomen der Grenze: Die Grenze ist nicht vorhanden, um das Reich zu schützen, sondern um es zu definieren. Weil es sie bzw. ihr Zeichen gibt, existiert das Imperium, nicht umgekehrt. Die Mauer schafft nicht nur den Innenraum der Macht, sondern sie entscheidet auch über das gegnerische Umfeld. Die Mauer benötigt nicht das Vorhandensein von Feinden – ihre bloße Existenz, ihr schieres Vorhandensein (selbst in rudimentärstem Zustand) garantiert eine feindlich gesonnene Umgebung. Und mobilisiert umgekehrt eine Steigerung der inneren Verbundenheit.

Insofern ist die Grenzmauer Markierung des äußeren Randes einer Machtsphäre wie auch deren mentales Zentrum.

Also nur zu! Wann immer Sie sich in einer krisenhaften Situation befinden oder sich in ihr zu befinden glauben: Greifen Sie unbesorgt zum Instrument des Mauerbaus. Er sichert Aufmerksamkeit, Innenbindung, Frontstellung nach außen – wie immer fragmentarisch oder lückenhaft der Bau dann auch tatsächlich ist. Ein paar Kilo Zement, einige Steine, ein Stück Maschendraht sollten genügen – es geht allein darum, die Grenze, eine Linie zu markieren. Der Rest ergibt sich von alleine: das starke Gefühl zusammenzugehören, das Erwachsen einer starken Identifikationsbereitschaft diesseits, das der entschlossenen Blockade jenseits. Verfolgen Sie diese Strategie der Sicherung der eigenen Identität durch systematische Ausgrenzung des vermuteten Fremden, gewinnen Sie darüber hinaus nicht nur neuere innere Stabilität, sondern darüber hinaus auch rapide an Autonomie. Bald werden Sie überhaupt keine Umwelt mehr benötigen – das bisschen Realität, das Sie benötigen, entwickeln Sie wie der Bewohner des „Baus" in einer anderen Kafka-Geschichte selbst: Hier ein

Rascheln, dort ein Knistern – das könnte er sein, der imaginäre Feind, gegen den ich mich rasch abschotten muss. Mein Reich – es wird mit jedem Sack Zement größer, nicht kleiner.

Wenn es Ihnen in Ihrer Enklave langweilig werden sollte – einfach das Ohr an die Wand gedrückt – dann hört man das Wispern der Feinde.

Deshalb noch einmal in verdichteter Form:

1. Errichten Sie den Zaun (wahlweise die Mauer) dort, wo sie niemand erwartet und von wo keinerlei Gefahr droht.
2. Begnügen Sie sich mit ein paar Holzstöckchen, ein bisschen Stacheldraht, ein paar Eimern Zement.
3. Aber hüten Sie diese Grenze mit großem Eifer und eiserner Strenge.

Sie werden sehen, der kleine Aufwand ist der Mühe wert. Sie fühlen sich seither bedroht und sicher zugleich. Ihr ganzes Lebensgefühl wird intensiver, inhaltsreicher.

Jürgen Wertheimer
https://de.wikipedia.org/wiki/Jürgen_Wertheimer
Prof. Dr. geboren in München, Studium der Literaturwissenschaft und Kunstgeschichte in München, Siena und Rom. Professuren in Bamberg, Metz, Paris, München und Tübingen. Forschungsgebiete: Mythen, Interdisziplinarität, Kulturkonflikte, Emotionen und Affekte.
Gegenwärtig laufende Projekte: Das Kassandra Syndrom (MSC) und „Jahr des Vertrauens" (Stiftung Weltethos)
Bücher über Archäologie, Poesie und Politik, Foren der Revolution und Vertrauen.
juergen.wertheimer@gmail.com.

„Frantz" – oder die Kraft der Lüge

Ein Film von François Ozon (2016)

Dieter Volk

Quedlinburg, ein Ort in Deutschland im Früh-jahr 1919. Der Erste Weltkrieg ist seit kurzem vorüber, ein Friedensvertrag geschlossen. Die Straßen des Städtchens sind von Fachwerk-häusern gesäumt. Es ist ruhig in den Gassen. Allenfalls eine müde Blaskapelle zieht über das Kopfsteinpflaster. Nur manchmal torkeln zu später Stunde ein paar grölende Gestalten durch das Dunkel der Gassen. In den Kneipen wird mit der Demütigung des Versailler Ver-trags gehadert; trotzig aufbegehrend gegen die Schmach der Niederlage ertönt aus Männ-erkehlen *Die Wacht am Rhein*. Über allem aber lastet das stille Leiden der Menschen über den Verlust ihrer Söhne und Männer, der Schre-cken und die Trauer über die Katastrophe des großen Krieges.

Gleich eingangs begleitet die Kamera eine junge Frau, in Trauerkleidung mit gesenktem Blick, zum Friedhof, wo sie das Grab ihres ge-fallenen Verlobten Frantz Hoffmeister besucht. Jeden Tag aufs Neue schmückt die junge Anna (Paula Beer) das Grab mit Blumen. Sie lebt bei ihren Fast-Schwiegereltern, die sie in ihr Haus aufgenommen haben.

Eines Tages legt nicht nur sie, sondern auch ein Fremder Blumen auf das Grab; zu ele-gant für Quedlinburg, trauernd, blass. Dieser Fremde ist Adrien (Paul Niney), ein „Franz-mann", wie der Friedhofswärter verächtlich bemerkt, ein Erbfeind, dem man mit Miss-trauen begegnet, hat er doch vor kurzem noch auf der falschen Seite gekämpft. Anna spricht den mysteriösen Mann an, der ihr erzählt, ih-ren Verlobten vor dem Krieg in dessen Zeit in Paris gekannt zu haben.

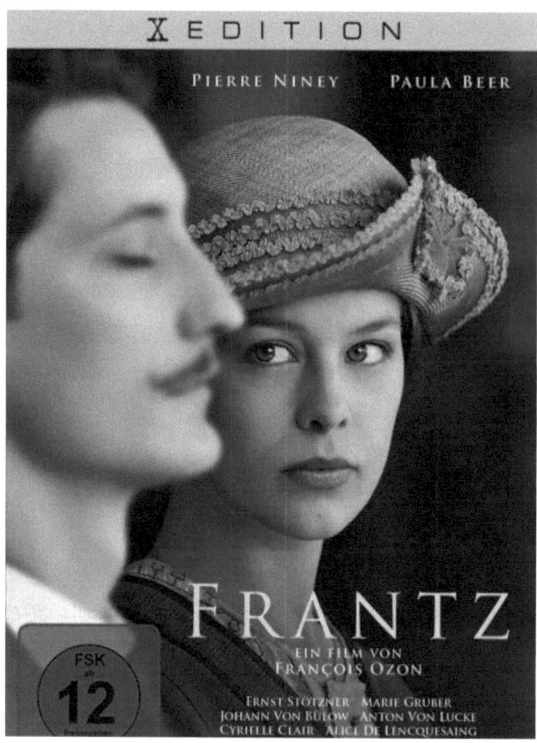

Falsche Fährten

Bereits nach diesen ersten Sequenzen wun-dert sich der Betrachter darüber, dass ein Sol-dat, zu Tode gekommen auf den Schlachtfel-dern des Krieges, nicht in einem Massengrab in der Fremde liegt, sondern auf dem Friedhof seines Heimatortes gebettet sein soll. Auch fragt er sich, was den geheimnisvollen Frem-den hier her auf den Gottesacker treibt.

Aber Zweifel, Irritationen und falsche Fähr-ten soll es im Verlauf dieses Films noch mehr geben - eines Films, der eine Geschichte wie aus alter Zeit erzählt, formal noch verstärkt

durch die Wahl der Schwarzweiß-Bilder, die einen geradezu nostalgischen Charakter haben (die, im Übrigen, auch aus der Not eines knappen Budgets geboren wurden). Der gelegentliche Wechsel ins Farbige mit kontrastierend-zartbunten Tupfern aber deutet an, dass es um mehr als ein unheimliches Historiendrama geht.

Eine weitere Merkwürdigkeit: Der Name des Verstorbenen ist nicht Franz, vielmehr Frantz, mit einem harten „t" in der Mitte, was den Namen doch recht wenig deutsch wirken lässt; sozusagen ein deutsch-französischer Frantz. Ein junger Mann, der mit Verlaine auf den Lippen für Volk und Vaterland in den Krieg zog. Auffallend auch: das sprachliche Oszillieren, der häufige Wechsel zwischen deutsch und französisch in der Konversation von Anna und Adrien.

Das Thema des Perspektivenwechsels scheint sich wie ein Ariadnefaden durch den Film zu ziehen. Solches ist nicht verwunderlich, denn der Regisseur Francois Ozon (*8 Frauen*, *Das Schmuckstück Swimming Pool*, *Jung und schön*) ist ein Meister der Halbwahrheiten, der Umdeutungen und Doppelcodierungen. In seinen Filmen steht die Realität immer auf der Kippe. Sie ist etwas, was stets neu verhandelt wird: in den Bildern, den Vorstellungen, die wir mit ihnen verbinden, den Geschichten, die dazu erzählt werden.

Vorsichtige Annäherung

In ersten Teil des Films orientiert sich Ozon im wesentlichen an Ernst Lubitschs Werk *Broken Lullaby* aus dem Jahr 1931, das wiederum auf einem Roman von Maurice Rostand basiert. Während Lubitsch – historisch verständlich und angezeigt – eine geradlinige Geschichte über Schuld und Vergebung, über Feindschaft und Versöhnung beginnt, entscheidet sich Ozon darüber hinaus jedoch für eine Erzählung voller Rätsel und Ungewissheiten. Dem bewegenden Appell zur Völkerverständigung bei Lubitsch setzt er ein deutlich ambivalenteres Bild menschlicher Beziehungen entgegen.

Wie im Roman und in Lubitschs Film reist ein junger französischer Ex-Soldat zu einer deutschen Familie, getrieben von erdrückenden Schuldgefühlen und dem Wunsch nach Vergebung und Wiedergutmachung. Er versucht, mit dieser Familie in Kontakt zu kommen, anfangs vergeblich. Vor allem Frantz'

Vater, der Arzt Dr. Hoffmeister (Ernst Stötzner), der in jedem Franzosen einen Mörder seines Sohnes sieht, ist noch ganz im Schmerz und im Zorn gefangen. Erst als sich Anna und Adrien ein wenig anfreunden, kommen auch die Eltern dem Fremden näher, ganz gegen die Vorbehalte und trotz aller Anfeindungen im Ort

„Erzählen Sie uns von ihm!"

War es in Paris vor dem Krieg? Erzählen Sie uns von ihm!, bittet Frantz' Mutter (Marie Gruber). Und Adrien beginnt zu erzählen. Das Schwarz-Weiß-Bild wird farbig und eine bunte Geschichte beginnt, mehr noch, es entwickelt sich ein Dickicht aus Geschichten, ein Ineinander der Erzählformen.

Wir sehen zwei junge Männer durch den Louvre schlendern, wir sehen, wie sie Bilder

von Monet betrachten, wir beobachten sie schäkernd in einem Tanzlokal. Rückblenden, Fabulierkunst, Fiktion, Wunschbilder? Alles möglich, aber naheliegend ist der Gedanke, dass die beiden Adrien und Frantz sind, die sich vor dem Krieg in Paris vergnügen. Aber es scheint, als sähen Anna und die Eltern Bilder vor sich, die Adrien so gar nicht erzählt hat.

Auch hätte ihn mit Frantz die Liebe zur Kunst, vor allem zur Musik verbunden. Eingeblendet die Szene, wie Adrien dem Freund über die Schulter greift, um zärtlich seinen Violinbogen zu führen. *Machen Sie uns glücklich.* Und der junge Franzose erfüllt dem alten Deutschen und dessen Frau diesen Wunsch: Er spielt auf der Geige des Sohns und erweckt den toten deutschen Soldaten Frantz für einen Moment wieder zum Leben.

Wie in Lubitschs Film lässt sich der Vater auch hier von Adriens Geschichte das Herz erweichen, und es ist durchaus nachvollziehbar, dass die Eltern nur allzu gern bereit sind, ihm den Platz eines Stiefsohnes einzuräumen und beginnen, Anna als dessen neue Braut zu se-

hen. Und Adrien gibt sich gern den Illusionen der anderen hin.

Dennoch: Trotz Adriens Bitte um Vergebung dafür, dass er lebt, während der Freund zu Tode gekommen ist, und trotz der berührenden „Neukomposition" der Familie, regen sich beim Betrachter leise Zweifel über die ungeklärte Natur von Adriens Beziehung zu Frantz, die trotz (oder wegen) der deutlichen Hinweise auf Begehren und tiefe Leidenschaft so sehr im Dunkeln bleibt. Wenn sich dann aber die Szene vom schwermütig-engen Kammerspiel weitet ins farbsatte Naturspektakel, wenn man Anna und Adrien vergnügt über Felsklippen springen sieht und beim Tanzabend glücklich erlebt, ist es Ozon wieder gelungen, einen in den Bann seiner fast schon unheimlich anmutenden „Romanze in Moll" zu ziehen.

Dass er aber mehr als eine berührende Geschichte über Feindschaft und Annäherung, Schuld und Vergebung erzählen will, wird end-

gültig deutlich, als Adrien nicht mehr bei seiner Erzählung bleiben und dem Druck dieser Romanze nicht mehr standhalten kann, sodass er Anna eines Tages das Geheimnis seiner „Beziehung" zu Frantz offenbart. Er erzählt, was wirklich passiert ist. *Es muss ein Ende haben – diese Komödie!* Seine Beichte, die erschütternde Wahrheit behält Anna jedoch für sich (auch hier soll sie nicht verraten werden), da sie möchte, dass die Eltern, die dank Adriens vermeintlicher Freundschaft mit Frantz ihren inneren Frieden gefunden haben, diesen bewahren können.

Die Kunst der Lüge – Ringen um Wahrheit

Nach Adriens dramatischem Geständnis und seiner brüsken Abreise verlagert der Film in seinem zweiten Teil die Perspektive und den emotionalen Schwerpunkt auf Anna. Anna, die sich den Erzählungen des jungen Franzosen hingegeben hat, um dem toten Verlobten nahe zu sein, die dabei dem unbekannten Fremden immer nähergekommen ist, so nah, dass es den Anschein hatte, als werde er den Platz des Toten einnehmen. Sie, die durch die Enthüllung des Geheimnisses schwer erschüttert, bitter ge- und enttäuscht worden ist, die aber für Frantz' Eltern die Kraft der Lüge aufrechterhält, um sie vor unerträglichem Schmerz zu schützen, um ihnen zu helfen, weiterzuleben.

Besonders deutlich zeigt sich nachfolgend, dass es Ozon nicht nur um die Kunst des Verzeihens und der Aussöhnung geht, sondern auch um die Kunst der Lüge, um Lebenslügen und (Selbst-)Täuschungen; darum, eine passende, weil erträgliche Geschichte zu finden, aber auch um das Ringen um Wahrheit, um Verwandlung sowohl im Persönlichen als auch im Gesellschaftlich-Kollektiven.

Während Lubitschs Film in Deutschland bleibt, begibt sich Ozons Anna nach Frankreich. Nachdem sie eine tiefe Krise durchlitten hat, macht sie sich auf den Weg und folgt dem abgereisten Franzosen in seine Heimat – mutig, ein ganz eigener Kraftakt der Versöhnung! Sie geht in der Hoffnung, Adrien wiederzusehen, aber auch, um das Gefängnis der Lüge zu verlassen. Einst war Adriens erfundene Erzählung für sie die Rettung. Jetzt aber drängt es sie, der Frage nachzugehen, was Lüge und was Wahrheit ist, um daraus eine für sie stimmige Erzählung zu erschaffen, die dann auch ihrer inneren Wahrheit entspricht.

Zufällig stößt Anna bei ihren Nachforschungen auf Frantz' ambivalentes Leben im Paris der Vorkriegszeit. Als sie die Absteige sieht, in der Frantz gelebt hat, muss sie ihre Vorstellungen von dessen Treue revidieren. Als sie schließlich Adrien nach langer Suche und nach etlichen beklemmenden falschen Fährten wiederbegegnet, ist es keine allzu große Überraschung, dass auch dieser nicht derjenige ist, den sie sich in ihren Träumen ausmalte. Zwei Enttäuschungen, aber Anna ist dabei, sowohl die verlorene Liebe als auch eine erträumte zu überwinden.

Hier wie dort

Ozon hat seinen Film in einer Art „Spiegelfuge" komponiert, hat ihm eine Reihe von Wiederholungen und Dopplungen gegeben. Er spielt liebevoll mit Klischees und Vorurteilen: In der Quedlinburger Kneipe trinken natürlich alle Männer Bier, im Pariser Bistro genießt man den Wein, die deutschen Mädchen tanzen zu volkstümlicher Musik im Kreis, die Französinnen dagegen eilen grazilen Schrittes über die Boulevards.

Jenseits des schönen Scheins wird Anna gewahr, dass nicht nur in Deutschland, sondern auch in Frankreich Eltern ihre Söhne in den Krieg geschickt haben, dass auch hier Freund-

schaften, Familien und Leben zerstört wurden. Sie hat in Deutschland erlebt, wie die Männer nach wie vor einen Patriotismus hochhalten, der eigentlich in den Schützengräben des

Krieges hätte untergehen müssen. Wenn die Kneipenrunde in Quedlinburg das anti-französische *Die Wacht am Rhein* anstimmt und wenn jetzt in Paris in einem Bistro gleichsam als Echo zu dieser Szene die *Marseillaise* geschmettert wird, jedes Mal spürt Anna, welch unheilige Allianz Verblendung, Trauer, Wut und Zorn eingegangen sind. Hier wie dort wird an starren Vorstellungen festgehalten. Es ist klar, wer Freund und wer Feind ist, wer Täter und Opfer, was Lüge und Wahrheit, wer die Guten und wer die Bösen sind, eine klare Einteilung des Lebens in ein Entweder-oder, in Schwarz und Weiß – was der Film in seiner Bildsprache auch formal deutlich unterstreicht.

„Es macht mir Lust zu leben."

Je länger je mehr drängt sich die Frage auf, wie Anna mit den ernüchternden Erfahrungen zurechtkommt. Sie hat sich den Enttäuschungen gestellt, sie durchgestanden, darunter gelitten, vielleicht auch ein Stück weit verarbeitet; und bleibt deshalb nicht in Hass- und Rachegefühlen hängen (*Wer nicht leiden will, muss hassen*, H.-E. Richter). Trotz aller Desillusionierungen schafft es Anna, handelnde Figur zu bleiben. Immer wieder ringt sie darum, all die erlebten Widersprüche, Ambivalenzen, ja Paradoxien auszuhalten und zusammenzubringen. Zwar hat sie sich auf die Suche nach ihrer persönlichen Wahrheit gemacht, dennoch hat sie den Wert der Lüge erkannt und kann deshalb gegenüber Frantz' Eltern die Fiktion von der glücklichen Freundschaft zu Adrien aufrechterhalten. Überdies fasst sich Anna, inzwischen eine gereifte, selbstbewusste junge Frau (hinreißend Paula Beer, die dafür in Venedig mit dem Preis der besten Nachwuchsschauspielerin ausgezeichnet wurde) ein Herz und entschließt sich, ganz einfach in Paris zu bleiben.

Wenn Anna in der Schlussszene, wie Frantz in Adriens Erzählung, im Louvre in Gedanken versunken vor Monets Gemälde *Der Selbstmörder* sitzt, ist dies, als ob sie in die eigene Vergangenheit blicke, als ob sie erkenne, dass Täuschung und Enttäuschung, Verlust, Verzweiflung und das Gefühl der Ausweglosigkeit hinter ihr liegen. Sie kann nun die Erlebnisse wie in einem Bild aus der Distanz sehen und trotz allen Schreckens weiterleben. Die Schwarz-Weiß-Welt ist für sie Geschichte. *Es macht mir Lust zu leben*, sind ihre letzten Worte – und die Kamera lässt sie in strahlender Farbpracht erblühen.

Frantz ist als DVD im Handel erhältlich.

Dieter Volk
Analytischer Kinder- und Jugendlichen-Psychotherapeut, Dozent am C. G. Jung-Institut Stuttgart. Dort Initiator der Veranstaltungsreihe „Film im Keller".

C. G. JUNG
Das Rote Buch
Der Text
Edition C. G. Jung
Patmos Verlag 2017
590 S., ISBN 978-3-8436-0926-5, 58,- €

Die Jahre, in denen ich den inneren Bildern nachging, waren die wichtigste Zeit meines Lebens in der sich alles Wesentliche entschied. Damals begann es, und die späteren Einzelheiten sind nur Ergänzungen und Verdeutlichungen. Meine gesamte spätere Tätigkeit bestand darin, das auszuarbeiten, was in jenen Jahren aus dem Unbewussten aufgebrochen war und mich zunächst überflutete. Es war der Urstoff für ein Lebenswerk. (C. G. Jung 1957)

Mit diesem Zitat, in dem das Wesentliche sofort im Zentrum ist, beginnt die Textausgabe des *Roten Buches* von C. G. Jung, die in der Faksimile Ausgabe zum ersten Mal 2009 erschienen ist.

Zugegeben, ich war etwas skeptisch, als ich die Textausgabe zum ersten Mal gesehen habe, und das große *Rote Buch* vor Augen und im Herzen hatte. Wie kann ich die Texte ohne die Bilder aufnehmen? Es hat auch Vorteile. Es gibt Raum für die eigenen Bilder, die beim Lesen der Texte in uns entstehen. Ein weiterer Vorteil ist, dieses handliche Buch leicht von einem Zimmer ins andere transportieren zu können und auch auf eine Reise mitnehmen zu können. Es wird von mir häufiger genutzt und benutzt. Die Textausgabe enthält den vollständigen Text des Originals.

C. G. Jung hat im Jahre 1913, an einem Wendepunkt in seinem Leben, ein Experiment mit sich selbst begonnen. Diese Phase dauerte bis 1930 und wurde als seine Auseinandersetzung mit dem Unbewussten bekannt. Er entwickelte dabei eine Technik, um inneren Vorgängen auf den Grund zu kommen. Er übte sich darin, Emotionen in Bilder zu übersetzen. Er versuchte, Fantasien zu fassen, die ihn bewegten. Diese Methode nannte er später die *Aktive Imagination*, die wir bis heute als wesentlichen Weg zum Unbewussten praktizieren, und die ich bis heute als großen Reichtum der Analytischen Psychologie sehe.

Seine Aufzeichnungen hat Jung zuerst in Schwarzen (Notiz-) Büchern aufgeschrieben. Später überarbeitete er seine Aufzeichnungen, ergänzte sie mit Reflexionen und übertrug sie mit selbst gemalten Bildern in ein rotes Buch, das er *LiBER NOVUS* (neues Buch) betitelte. Heute wird meist vom *Roten Buch* gesprochen.

Über die inneren Erfahrungen, die in diesem Buch beschrieben werden, tauschte sich Jung mit seiner Frau aus und mit wenigen vertrauten Freunden. Das Rote Buch war von daher mit einer Aura des Geheimnisvollen umgeben. Erst spät merkten die Erbengemeinschaft und Kollegen, dass Jung dieses Werk keineswegs verheimlichen wollte, er schrieb als Anrede häufig *Liebe Freunde*. So viel zur Entstehungsgeschichte des Roten Buches, die interessant dargestellt ist.

Sonu Shamdasani widmet sich hervorragend zur Hinführung an die originalen Texte im Roten Buch dem kulturellen Kontext, in dem Jung geschrieben hat, auch der Geschichte C. G. Jungs. Wer war C. G. Jung?, fragt er, um die Leser über die Biographie C. G. Jungs in die verschiedenen Welten einzuführen, die Jung für sich schon früh genutzt hat, wenn er von der Persönlichkeit Nr. 1 und Nr. 2 spricht. Heute ist uns dieser Erkenntnisweg über die

Ego-State-Therapie von Paul Federn recht vertraut, sie ist ein wesentlicher Bestandteil der Traumatherapie. Wir sprechen dann von unterschiedlichen Anteilen, Jung spricht von der Persönlichkeit 1 und 2.

Diese zwei Anteile verkörperten bei ihm seine Interessen an den Naturwissenschaften und an den Geisteswissenschaften. Sein Interesse an der Psychiatrie ermöglichte ihm die Verschmelzung seiner zwei Persönlichkeiten und so hat er eine Stelle als Assistenzarzt im Burghölzli angetreten, einer fortschrittlichen Universitätsklinik unter der Leitung von Eugen Bleuler. Hier spielten psychologische Forschung und auch Hypnose eine herausragende Rolle.

C. G. Jung hat sich sein ganzes Leben lang mit Symbolen beschäftigt. Diese waren für ihn die wesentliche Verbindung zwischen dem Rationalen (dem Vernünftigen) und dem Irrationalen, (dem Nichtvernunftgemäßen). Symbole entsprängen dem Unbewussten, so Jung, und sie zu schaffen sei die wichtigste Funktion vom Unbewussten. Im Symbol vereinigen sich die Gegensätze. Und bis heute ist die Symbolarbeit ein Herzstück der Analytischen Psychologie.

Im Roten Buch werden die Wege gezeigt, wie Jung sich mit seiner Seele austauscht: *Ich fühle, dass ich mit dir reden muss. Warum lässt du mich nicht schlafen, da ich doch müde bin? Ich fühle, dass die Störung von Dir kommt. Was veranlasst dich, mich wachzuhalten?* (S. 78).

Diese Dialoge mit der Seele sind richtig spannend zu lesen. So auch im Kapitel *Seele und Gott*:

Ich bin müde, meine Seele, zu lange dauerte mein Wandern, mein Suchen nach mir außer mir. Nun bin ich durch die Dinge gegangen und fand dich hinter dem Allerlei. Aber ich entdecke auf meiner Irrfahrt durch die Dinge Menschheit und Welt. Ich habe Menschen gefunden. Und dich, meine Seele, fand ich wieder, zuerst im Bilde im Menschen und dann dich selber. Ich fand dich dort, wo ich dich am wenigsten erwartete. Dort stiegst du mir aus dem dunklen Schachte empor. Du hattest dich

mir im Voraus angekündigt in Träumen; sie brannten in meinem Herzen und trieben mich zu allem Kühnsten und Verwegensten und zwangen mich über mich selbst emporzusteigen. Du ließest mich Wahrheiten sehen, von denen ich früher nichts ahnte. Du ließest mich Wege zurücklegen, deren endlose Länge mich geschreckt hätte, wenn nicht das Wissen um sie in dir geborgen gewesen wäre.

Ich wanderte viele Jahre, so lange, bis ich vergaß, dass ich eine Seele besitze. Wo warst du in all der Zeit? Welches Jenseits barg dich und gab dir eine Stätte?

Oh, dass du durch mich sprechen musst, dass meine Sprache und ich dir Symbol und Ausdruck sind! Wie soll ich dich enträtseln?

Ergreifende Gespräche mit der Seele sind wie eine Aufforderung an uns selbst, mit unserer Seele in Verbindung zu treten, immer und immer wieder.

Wer das Rote Buch noch nicht gekauft hat, weil die große Ausgabe sehr teuer ist, dem kann ich diese Textausgabe mit seiner Inspiration für die Seele sehr empfehlen!

Margarete Leibig

Die Autorin verbindet in ihren Ausführungen ein christliches Verständnis des Lebens mit den Einsichten der Analytischen Psychologie C. G. Jungs. Gerade in der Verbindung wird ein starkes Vertrauen spürbar, welches davon zeugt, dass die letzten Fragen getrost offenbleiben können.

Das Buch ist lesenswert für alle, die die Frage nach dem Tod in ihr Leben einbeziehen.

Sabine Grumann

Edda Brehm
Individuation (Band 3)
Ende des Lebens –
Gespräche mit dem Unbewussten
Verlag: Opus Magnum 2018
ISBN-13: 978-3956120299

Edda Brehm erzählt aus ihrem Leben. Dabei richtet sie ihren Blick weniger auf äußere Geschehnisse als vielmehr auf ihr inneres Erleben. Ihre Träume, die sie reflektiert, sind für sie Wegweiser durch ihr Leben. Sie lässt sich von ihren Bildern leiten, die ihr das Unbewusste durch Imagination schenkt und die sie malt oder in Gedichten zum Ausdruck bringt.

Nachdem die Autorin bereits zwei Bücher veröffentlicht hat, die etwas von der Lebensgeschichte ihres Inneren offenbaren, widmet sie sich in ihrem dritten Band nun dem Thema des Lebensendes, der Erfahrung von Krankheit und Tod. Im Kontext einer Auseinandersetzung mit diesen existentiellen Fragen erfährt sie Entlastung und Befreiung aus unmittelbarer Bedrängnis.

Ja, in einem Traum überschreitet sie die Todesgrenze und schaut in eine ihr unbekannte Welt. Sie schildert ihr Staunen über die wunderbare Hilfe aus dem Unbewussten. Darum möchte sie auch den Lesern Mut machen, sich auf die Endlichkeit ihres Lebens ohne Ängste einzulassen.

Sabine Grumann
Hannas Verwandlung
Von der spirituellen Symbolik des
weiblichen Körpers
Verlag: Opus Magnum, 2018
156 S., ISBN: 978-3956122002, € 9,90

Wie kann der Mensch das Wunder seines Lebendigseins und Daseins auf der Erde richtig würdigen? Wie kann er mit seinem Körper, seinem Bewusstsein, seinen Fähigkeiten und Beziehungen das Prinzip des Lebens feiern? Wie kann er zu seiner ureigenen Berufung in diesem so wunderbaren und geheimnisvollen Lebensprozess finden? Wie kann er abstreifen, was falsch und unecht ist und sich wahrhaftig dem Leben öffnen?

Diesen Fragen, die so schnell über den täglichen Anforderungen des Alltags verloren gehen, obwohl sie doch den Kern unserer Existenz berühren, spürt Sabine Grumann in ihrem kleinen, aber feinen Buch nach. Sabine Grumann ist Analytische Kinder- und Jugendlichen-Psychotherapeutin in eigener Praxis und Dozentin am C. G. Jung-Institut in Stuttgrt. Sie führt uns tief in den Symbolkreis des Weiblichen, wie es von Beginn an am Ursprung allen Schöpferischen und Lebendigen war.

Am Anfang steht der Traum einer jungen Frau, die, um ihren eigenen Weg finden und gehen zu können, dazu aufgefordert wird, ihre bisherige Kleidung abzulegen. Sie muss erst den Mut aufbringen, ganz und gar nackt zu sein, bevor sie ein neues Gewand erhält.

Was bedeutet weibliche Nacktheit? In einer Zeit, die scheinbar so freizügig mit dieser Nacktheit umgeht und in der es eine Frage des persönlichen Vermögens zu sein scheint, eine in jeder Lebensphase perfekt geformte und sexuell attraktive Weiblichkeit zu leben, fällt es vielen Frauen und auch Männern nicht leicht, sich dem nackten weiblichen Körper vorurteilsfrei in all seinen Facetten anzunähern. Hier nimmt Sabine Grumann ihre Leserinnen und Leser bei der Hand und lenkt ihre Blicke und Gedanken auf zunächst allgemein menschliche Körperregionen wie Haare, Mund, Augen und Hände und schließlich auf die urtypischen Repräsentationen des Weiblichen, nämlich Brust und Vulva.

In einer bildhaft-detailreichen Sprache entwickelt sie erdhaft-sinnliche Aspekte und schafft über Amplifikationen und vielfältige kultur- und geistesgeschichtliche Assoziationen eine Brücke zum spirituell-symbolischen Verständnis der unterschiedlichen Facetten des weiblichen Körpers. Die hieraus sich ergebenden Ansichten und Einsichten können besonders den Leserinnen dieses Büchleins eine differenzierte Sicht auf die mit der eigenen Körperlichkeit verbundenen Lebenszyklen und auch auf spezifisch weibliche Erkrankungen vermitteln und

Mut machen, deren subjektive Bedeutsamkeit auszuloten. Sie kann allen Leserinnen und Lesern den Blick dafür öffnen, dass die Sinnfragen der menschlichen Existenz vor allem im Spannungsfeld von körperlich-erdhaftem Sein und geistiger Bewusstwerdung erfahrbar werden.

Was passiert mit Hanna, wenn sie erwacht? Im letzten Kapitel des Buches wird der Frage nachgegangen, wie die im zuvor umrissenen Spannungsfeld gemachten Ganzheitserfahrungen in den Alltag transportiert werden und welche heilsamen Wirkungen sie dort entfalten könnten. Im Bild der Lebensfeier finden Aspekte der eigenen Lebendigkeit, der Fähigkeit zu Trauer und Versöhnung, der Offenheit für die Rhythmen des Lebens, der weiblichen Weisheit und geistigen Entfaltung sowie des Glaubens, des Gebets, der Hoffnung und des visionären Handelns Platz. Jedes dieser Themen birgt vielfältige Anregungen, wie der Mensch mit sich und der ihn umgebenden Welt in Einklang leben könnte und schafft damit eine Grundlage zur ganz persönlichen Auseinandersetzung.

Die Wärme und Fülle der Körperbilder des Weiblichen und die hieraus so differenziert entwickelte Symbolik öffnen einen weiten Raum „zwischen Himmel und Erde", in dem die Leserinnen und Leser dieses Buches sich auf eine ganz eigene Spurensuche begeben können. Sich dieser zu überlassen und darin die eigene Sehnsucht nach Ganzheit und Echtheit aufzuspüren, macht den Zauber des Leseerlebnisses aus. Mögen sich viele geneigte Leserinnen und Leser davon berühren lassen!

Sabine Knoke

Elisabeth Pfister
Trotzdem: Liebe – Wahre Geschichten
Verlag Klöpfer & Meyer, 2017
312 S., ISBN 978-3-86351-457-0, € 24,00

Im Vorwort lesen wir von der Autorin: *Alle arbeiten sich daran ab: Die Dichter und die Sexualtherapeuten, die Philosophen und die Dessous-Designer, Tantra-Masseure und Theologen: Wie funktioniert die Liebe?*

Sie soll lustvoll und emanzipiert, achtsam und solidarisch und schon gar nicht besitzergreifend oder gar destruktiv sein. Eine ganze Ratgeber-Lawine gibt Anweisungen, wie dieses Phänomen zu beschreiben, zu erklären und wie es vor allem zu domestizieren sei. Als Endziel gilt die reife, aufgeklärte, die gefahrlose Liebe.

Und dann erzählt die Autorin überaus einfühlsam acht wahre Geschichten mit völlig ungewöhnlichen Wegen in der Liebe. Sie hat über viele Stunden und Tage Interviews geführt mit Menschen, die diese seltsamen, manchmal etwas verrückt anmutenden Geschichten wirklich erlebt haben. Eine Frau, die den kranken Freund ihres Partners erst auf dem Totenbett kennen lernt und wie elektrisiert eine überaus tiefe Verbundenheit erlebt, bevor dieser Mann stirbt, sodass sie mit ihm eine Liebesbeziehung eingeht, über den Tod hinaus. Sie folgt ihrer inneren Wahrheit, trennt sich schweren Herzens von ihrem Partner, um sich selbst treu zu sein. Die innere Wahrhaftigkeit auf dem Lebensweg, die wir in der Analytischen Psychologie Individuation nennen, ist für die Leser zutiefst berührend.

Mit einer sehr guten Mischung von Nähe und Distanz wird die Geschichte eines Paares erzählt, die sich vor dem Abitur kennen lernen und dann beide studieren. Er ist der leichtlebige Träumer, der Betriebswirtschaft studiert, sie die ehrgeizige Zahnärztin. Sie scheitern als Paar daran, dass sie sich in ihrer Symbiose einrichten und keinerlei Konflikte austragen. Sie leugnen die Schattenseiten des andern. Sie trinkt mehr und mehr Alkohol, er nimmt Arbeiten an, die ihm nicht gefallen, da er sein Examen nicht gemacht hat. So langsam rutschen sie in den finanziellen Ruin, können immer noch nicht darüber sprechen und streiten. Die Sprachlosigkeit ist beim Lesen bedrückend. Sie haben beide den Jagdschein gemacht und sich Gewehre zugelegt.

Aus Verzweiflung, weil die vielen Rechnungen und Mahnungen kaum auszuhalten waren, hat er seine „Traumfrau" erschossen. Er stellt sich der Polizei und geht ins Gefängnis. Trotz des unglaublichen Mordes idealisiert er die Getötete und freundet sich mit deren Freundin aus dem Gefängnis heraus an und verliebt sich in Rosi. Wieder entsteht eine große Liebe, inmitten der Tragik von Schuld und der Frage von Vergebung. In einem imaginativ geführten Gespräch mit seiner getöteten Frau bittet er um Antwort, ob sie die neue Liebe aushalte. Ja, das kann sie. Seine Tat könne sie ihm jedoch nicht vergeben. Dies ist eine wichtige philosophische und menschliche Frage, was kann vergeben werden, angesichts dessen, dass das Leben einfach weiterfließt.

Die Zeit spült vieles weg und holt einiges neu hervor (S. 48). Liebesgefühle werden als Offenbarung erlebt, die einem zuteil werden, bei der es darum geht, Demut zu lernen und zu warten *was das Leben mich noch lehren will* (S. 34).

In den unterschiedlichen wahren Geschichten wird die archetypische Erschütterung einer Liebeserfahrung deutlich, die einem „hier stehe ich und kann nicht anders" gleichkommt. Die Vernunft kapituliert vor dem Gefühl.

Die Wahrhaftigkeit im Gefühl zu erfahren, die Erschütterung zu spüren ist auch in religiöser Hinsicht möglich. Das erzählt eine wahre Geschichte von zwei Frauen, die in Wittenberg aufgewachsen sind und sich katholisch taufen lassen möchten. Sie hatten die Liebe zu Gott erfahren und fühlten sich zutiefst gerufen. Letztendlich ließ sich eine der Frauen taufen, die andere befürchtete, von ihrer atheistischen Familie verstoßen zu werden. Die Eltern waren schockiert und fragten sich: „Was haben wir falsch gemacht?" Die sich taufen ließ, diese Tochter, erlebte in einer mystischen Erfahrung, wie sie die Worte überfielen und eine archetypische Erschütterung die wahrhaftig ergriffen hat: *Du bist die Liebe meines Lebens!*, gemeint ist Gott. Sie entschied sich nach der Beendigung ihres Jura Studiums für Gott und ein Leben im Kloster.

Die Stärke und Kraft dieses Buches ist die tiefe Wahrheit und Wahrhaftigkeit der menschlichen Geschichten, die einen beim Lesen zutiefst berühren. Zudem werden die wahren Geschichten als Lebenserfahrung stehen gelassen, sie werden nicht bewertet. Wie wohltuend! Das Buch ist sprachlich sehr schön geschrieben und liest sich hervorragend, ich kann es sehr empfehlen!

Die Autorin hat vor drei Jahren bereits mit einen ungewöhnlichen Buch aufhorchen lassen: *Wenn Frauen Verbrecher lieben.* Die Autorin hat offenbar ein Herz für ungewöhnliche Geschichten, wie sie nur das Leben selbst schreiben kann. So „funktioniert Liebe", um auf die Frage des Anfangs zurückzukommen, einzigartig und ungewöhnlich, wahrhaftig und sie ergreift uns.

Margarete Leibig

Monika Rafalski
Empfinden, Intuieren, Fühlen und Denken
Die vier psychischen Grundfunktionen in Psychotherapie und Individuation
Verlag Kohlhammer, 2018
236 S., ISBN: 978-3-17-028413-5, 28,99 €

Monika Rafalski ist als Analytische Psychotherapeutin in eigener Praxis sowie am C. G. Jung-Institut Stuttgart als Dozentin, Supervisorin und Lehranalytikerin tätig.
In diesem Werk stellt sie die vier psychischen Grundfunktionen Empfinden, Intuieren, Fühlen und Denken vor - allgemein sowie in ihrer extravertierten und introvertierten Ausprägung.

Es wird auf ihre Bedeutung für die individuelle Entfaltung, für schulische Förderung und gesellschaftliche Zeitstile sowie ihre Symbolik und spirituelle Bezüge eingegangen.

Basierend auf Jungs Forschungen zur Typologie wird ein modernes Modell der ausgewogenen Entwicklung aller Funktionen vorgestellt, welches therapeutische Relevanz über unterschiedliche Psychotherapieschulen hinaus hat. Es ermöglicht, neurotische Einseitigkeiten und Dissoziationen diagnostisch zu erfassen und therapeutisch zu bearbeiten, eigene Begabungen zu erkennen und ins innere Gleichgewicht zu kommen sowie Hochsensibilität besser zu verstehen.

Verlagstext

Impressum

Jung-Journal
Forum für Analytische Psychologie
und Lebenskultur
Jahrgang Heft 39, März 2018
ISSN: 1867-4690 ISBN: 978-3-939322-39-9

Herausgeber
C. G. Jung-Gesellschaft Stuttgart Alexanderstr. 92,
70182 Stuttgart

Bankverbindung
opus magnum, Postbank, BLZ 60010070
Konto-Nr. 570344702
IBAN: DE60 6001 0070 0570 3447 02
BIC: PBNKDEFF

Erscheinungsweise, Abo, Vertrieb
Halbjährliches Erscheinen im März und September
Ein Jahresabonnement mit 2 Heften kostet € 15,-
incl. Versandkosten. Bestellungen über:
Internet: www.jung-journal.de
E-Mail: mail@jung-journal.de
Postadresse: opus magnum
Hirsauer Str. 39, 70569 Stuttgart

Redaktion
Prof. Dr. Lutz Müller, Anette Müller,
Margarete Leibig, Bernd Leibig, Dieter Volk

Beiratsmitglieder der C. G. Jung-Gesellschaften
Dr. Irene Berkenbusch (ISAP Zürich)
Dolores Henke (CGJ-Forum Freiburg)
Esther Böhlcke (CGJ-Gesellschaft Hannover)
Dr. Renate Daniel (CGJ-Institut Küsnacht)
Christiane Neuen (CGJ-Gesellschaft Köln)
Susanne Lindtberg (Psychologische Gesellschaft Basel)
Volker Münch (CGJ-Gesellschaft München)
Dieter Schnocks (CGJ-Gesellschaft Stuttgart)
Dr. Andreas Schweizer (Psychologischer Club Zürich)

Layout
Lutz Müller, Barbara Fischer

Texte zwischen den Artikeln
Lutz Müller, Anette Müller

Bildnachweise: Wenn nicht anders angegeben stammen alle Abbildungen aus lizenzfreien Quellen des Internet. Titelblatt und Seite 1: Heinrich Vogtherr der Jüngere, ca. 1540, Veranstaltungen: Pixabay, Kaz, Anaterate

Webmaster
Walter Fleritsch

Druck
Kohlhammer Stuttgart

Verlag
opus-magnum, Stuttgart, www.opus-magnum.de

rezensionen

Wer möchte diesen Erdenball
Noch fernerhin betreten,
Wenn wir Bewohner überall
Die Wahrheit sagen täten.

Ihr hießet uns, wir hießen euch
Spitzbuben und Halunken,
Wir sagten uns fatales Zeug,
Noch eh' wir uns betrunken.

Und überall im weiten Land,
Als langbewährtes Mittel,
Entsproßte aus der Menschenhand
Der treue Knotenknittel.

Da lob' ich mir die Höflichkeit,
Das zierliche Betrügen.
Du weißt Bescheid, ich weiß Bescheid;
Und allen macht's Vergnügen.

W. Busch, Kritik des Herzens